THEOLOGIE FÜR DIE PRAXIS

THEOLOGIE FÜR DIE PRAXIS

Herausgegeben von Jörg Barthel, Maximilian Bühler, Christoph Schluep und Christof Voigt im Auftrag der Theologischen Hochschule Reutlingen (staatlich anerkannte Hochschule der Evangelisch-methodistischen Kirche)

Theologische Hochschule
Reutlingen

THEOLOGIE FÜR DIE PRAXIS
49. JAHRGANG (2023)

CHRISTENTUM UND JUDENTUM

Im Auftrag der Theologischen Hochschule Reutlingen
herausgegeben von Jörg Barthel, Maximilian Bühler,
Christoph Schluep und Christof Voigt

EVANGELISCHE VERLAGSANSTALT
Leipzig

Schriftleitung: Prof. Christof Voigt, Theologische Hochschule Reutlingen, Friedrich-Ebert-Straße 31, 72762 Reutlingen, Email: schriftleitung@th-reutlingen.de

Beiträge, Rezensionen und redaktionelle Mitteilungen bitte an die Schriftleitung.
Die Bearbeitung und Rücksendung unverlangt eingesandter Beiträge und unverlangt zur Rezension eingesandter Bücher kann nicht gewährleistet werden.
Dieses Jahrbuch und seine Beiträge dürfen nur nach vorheriger schriftlicher Zustimmung des Verlags öffentlich zugänglich gemacht werden. Diese ist auch erforderlich
bei einer Nutzung für Lehr- und Unterrichtszwecke nach § 52a UrhG.

Bibliographische Information der Deutschen Nationalbibliothek
Die Deutsche Nationalbibliothek verzeichnet diese Publikation in der Deutschen Nationalbibliographie; detaillierte bibliographische Daten sind im Internet über http://dnb.dnb.de abrufbar.

© 2024 by Evangelische Verlagsanstalt GmbH · Leipzig
Printed in Germany

Das Werk einschließlich aller seiner Teile ist urheberrechtlich geschützt.
Jede Verwertung außerhalb der Grenzen des Urheberrechtsgesetzes ist ohne Zustimmung des Verlags unzulässig und strafbar. Das gilt insbesondere für Vervielfältigungen, Übersetzungen, Mikroverfilmungen und die Einspeicherung und Verarbeitung in elektronischen Systemen.

Das Buch wurde auf alterungsbeständigem Papier gedruckt.

Cover: Zacharias Bähring, Leipzig
Satz: textformart, Daniela Weiland, Göttingen
Druck und Binden: Beltz Grafische Betriebe GmbH, Bad Langensalza

ISBN Print 978-3-374-07735-9 // eISBN (PDF) 978-3-374-07736-6
www.eva-leipzig.de

Vorwort

Das 48. Jahrbuch von Theologie für die Praxis widmet sich einem Thema, das zurzeit brisanter und kontroverser nicht sein könnte: Judentum und Christentum. Die Idee dazu entstand, lange bevor die Hamas mit ihrer Terrorattacke im Oktober 2023 die Welt erschütterte und die israelische Regierung mit einem grossangelegten Vergeltungs- und Neuordnungsfeldzug reagierte. Das Kollegium der Theologischen Hochschule Reutlingen hat sich bereits in den Sommermonaten davor entschieden, sich dem Thema anlässlich des interdisziplinären Seminars des Masterstudiengangs intensiv zu widmen. Aktueller hätte die Wahl nicht werden können, und das Ergebnis dieses gemeinsamen Nachdenkens liegt nun als Jahrbuch vor.

In den fünf Aufsätzen werden eigene Gedanken präsentiert, während in den Buchbesprechungen weiterführende Literatur vorgestellt wird. Damit soll die Arbeit am Thema stichprobenhaft in die Tiefe aus- und in einem grösseren Radius in die Breite weitergeführt werden.

Christoph Schluep (Neues Testament) beleuchtet das Blutwort in Mt 27 und versucht es, im Sinne einer Schuldeskalation zur Darstellung der Unschuld Jesu zu verstehen. *Jörg Barthel* (Altes Testament) stellt sich zusammen mit *Martin Thoms* der kritischen Anfrage von Martin Bubers Darstellung der Unterschiedlichkeit von Judentum und Christentum anhand der jeweils anderen Glaubensweise. *Stephan von Twardowski* (Systematik) sucht nach Wegen, die Rede von Jesus als dem Christus so zu gestalten, dass sie im Dialog mit dem Judentum dieses weder ausgrenzt noch vereinnahmt. *Christof Voigt* (Philosophie) stellt das Hauptwerk des jüdischen Kantianers Hermann Cohen (1842–1918) vor, der Judentum und Philosophie anhand der Religion der Vernunft versöhnen und darüber hinaus zu identifizieren sucht. *Maximilian Bühler* (Praktische Theologie) fragt anlässlich der Überarbeitung der Perikopenordnung und der damit erfolgten Aufwertung der alttestamentlichen Textbasis nach der Möglichkeit christologischer Predigt, die das Erste Testament als gemeinsames Schriftkorpus zweier unterschiedlicher Auslegungsgemeinschaften wahr- und ernstnimmt.

Die Buchbesprechungen stellen Delphine Horvilleurs »Überlegungen zur Frage des Antisemitismus« vor, eine äußerst kluge Darstellung der Thematik aus Sicht einer liberalen Rabbinerin (Jörg Barthel), Peter Schäfers »Kurze Geschichte des Antisemitismus«, das historische Standartwerk, das gerade wegen seiner guten Lesbarkeit erschütternde Lesefolgen zeitig (Felix Süß) und das Gemeinschaftswerk von Thomas Söding und Moshe Navon »Gemeinsam zu Gott beten. Eine jüdisch-christliche Auslegung des Vaterunsers«, in der die beiden Autoren das Gebet Jesu aus jüdischer und christlicher Sicht erläutern (Jana Göhler).

Den Abschluss des Jahrbuchs bilden die Probevorlesung von *Maximilian Bühler* zum Ritualdesign einer Kirche der Zukunft und die Antrittsvorlesung von *Christoph Schluep*, die sich mit der Frage der Liebe im Gegenüber von Paulus und Jakobus beschäftigt.

Ein herzlicher Dank sei den Mitwirkenden aus den Reihen der Studierenden und Dozierenden der Theologischen Hochschule Reutlingen ausgesprochen, und ein besonderer Dank Dr. Ulrike Voigt, die in selbstloser, aber nicht minder professioneller Weise die Korrekturarbeit auf sich genommen hat.

Reutlingen, im Juli 2024

Jörg Barthel
Maximilian Bühler
Christoph Schluep
Christof Voigt

Inhalt

Artikel zum Thema

Christoph Schluep
Zwischen Schuldeskalation und Unschuld
Ein Versuch, das Blutwort Mt 27,25 zu verstehen 9

Jörg Barthel und Martin Thoms
Zwei Glaubensweisen
Martin Bubers Anfragen an das Christentum 21

Stephan von Twardowski
Christologie im Kontext des jüdisch-christlichen Dialogs:
Fragestellungen, gegenwärtige Debatten und Beobachtungen . . 37

Christof Voigt
»Die Entdeckung des Menschen als des Mitmenschen«
Erste Schritte auf dem Weg zur Lektüre von Hermann Cohen:
Religion der Vernunft aus den Quellen des Judentums 51

Maximilian Bühler
Predigt des Ersten Testaments:
Aktuelles, Grundsätzliches und Praktisches 59

Buchbesprechungen zum Thema

Delphine Horvilleur: Überlegungen zur Frage
des Antisemitismus (Jörg Barthel) 74

Navon, Moshe/Söding, Thomas: Gemeinsam zu Gott beten.
Eine jüdisch-christliche Auslegung des Vaterunsers (Jana Göhler) 76

Peter Schäfer, Kurze Geschichte des Antisemitismus (Felix Süß) . . 77

Vorlesungen

Maximilian Bühler
Ritual Design meets FreshX
Oder: Wie lassen sich stimmige Rituale
für eine Kirche der Zukunft gestalten? 81

Christoph Schluep
Liebe – oder lieber doch nicht?
Zur Kritik des Jakobusbriefes an der paulinischen Soteriologie . . 101

Rezension

Martin Thoms: Der gottverlassene Gott.
Eine literarische Untersuchung der Gottverlassenheit Jesu
und deren Auswirkungen auf die Glaubens- und
Verkündigungspraxis (Jörg Barthel) 116

Autorenverzeichnis 118

Zwischen Schuldeskalation und Unschuld
Ein Versuch, das Blutwort Mt 27,25 zu verstehen

Christoph Schluep

»Sein Blut komme über uns und unsere Kinder«, lässt Matthäus die Menge vor dem Richtstuhl von Pontius Pilatus schreien. Ohne Not fügt er diesen Schrei ein, der in der Vorlage Mk 15,6ff nicht vorkommt, und löst damit ein Echo aus, das über zwei Jahrtausende hinweg dem jüdischen Volk Leid, Elend, Verfolgung und Tod beschert. Weshalb fügt Matthäus diesen Schrei ein, von dem er eigentlich wissen müsste, dass er in einer fernen oder auch nahen Zukunft als Fanal für Vergeltung oder Rache am Volk Israel, dem Volk Jesu verstanden werden kann oder zumindest könnte? Ist seine Absicht antisemitisch? Wem wird damit die Schuld zugewiesen? Und gibt es für uns heute, nach einer über alle Maßen schrecklichen Wirkungsgeschichte, einen Weg, diesen Vers anders denn als Aufruf zu Gewalt zu verstehen? Diese Fragen versucht der folgende Aufsatz zumindest ansatzweise zu klären.

*

Mt 27,15 Zum Fest ließ der Statthalter dem Volk jeweils einen Gefangenen nach dessen Wahl frei. 16 Sie hielten damals gerade einen berüchtigten Gefangenen in Haft, der Jesus Barabbas hieß. 17 Als sie nun zusammengekommen waren, sprach Pilatus zu ihnen: Wen wollt ihr, dass ich euch freilasse – Jesus, den Barabbas oder Jesus, den sie Christus nennen? 18 Er wusste nämlich, dass sie ihn aus Neid ausgeliefert hatten. 19 Als er nun auf dem Richterstuhl platzgenommen hatte, ließ ihm seine Frau Folgendes ausrichten: Lass nichts zwischen dich und jenen Gerechten kommen, denn wegen ihm habe ich heute im Traum viel gelitten. 20 Die Hohenpriester und die Ältesten aber sagten der Menge, sie sollen um Barabbas bitten, Jesus aber hinrichten lassen. 21 Der Statthalter fragte sie also: Welchen von den beiden wollt ihr, dass ich euch freigebe? Sie sagten: Barabbas! 22 Da sprach Pilatus zu ihnen: Was soll ich dann mit Jesus machen, den sie Christus nennen? Alle sprachen: Gekreuzigt soll er werden! 23 Er aber sagte: Was hat er denn Böses getan? Sie aber schrien noch lauter: Gekreuzigt soll er werden! 24 Als Pilatus sah, dass es nichts nützte, sondern der Tumult noch grösser wurde, nahm er Wasser, wusch sich vor der Menge die Hände und sagte: Ich trage keine Schuld an diesem Blut. Seht ihr zu! 25 Da antwortete das ganze Volk: Sein Blut komme über uns und unsere Kinder! 26 Darauf gab er ihnen Barabbas frei, Jesus aber ließ er auspeitschen und lieferte ihn aus, damit er gekreuzigt werde.[1]

Die folgende Untersuchung geht einen Weg von außen nach innen, beginnt also historisch mit der Frage nach der Situation des Matthäusevangeliums und endet mit der hermeneutischen Frage der gegenwärtigen Relevanz des Textes. Dieser Weg beginnt faktenorientiert und endet mit einer persönlichen Interpretation – so soll sichergestellt werden, dass historisch festgestellt wird, was festgestellt werden kann, und existentiell gesagt wird, was gesagt werden muss.

I. Die historische Situation des Matthäusevangeliums und die Frage der antisemitischen Intention

Wenn, wie in der Einleitung erwähnt, dem Autor von Mt unterstellt wird, das Blutwort absichtlich in die Vorlage eingefügt und damit einer möglichen antisemitischen Interpretation und sogar einer sich daraus entwickelnden bösartigen Verwendung Vorschub geleistet zu haben, muss bereits am Anfang geklärt werden, ob dieses Evangelium antisemitische Intentionen hegt oder antisemitische Züge aufweist.[2] In der Forschung

---

1   Die Übersetzung stammt vom Autor.
2   Dass damit nicht ein Antisemitismus gemeint ist, wie er sich im 19. Jahrhundert entwickelt und in der Diktatur des Dritten Reiches zur politischen Anwendung kam, versteht sich von selbst, es wäre ein Anachronismus. Gefragt wird nach dem Verhältnis des MtEv zum Judentum seiner Zeit und damit zur Mutterreligion und -gesellschaft seines Protagonisten Jesus von Nazareth. Zur Unterscheidung der verschiedenen Formen des Antisemitismus (klassischer Antisemitismus, sekundärer Antisemitismus, israelbezogener Antisemitismus) vgl. Shimon Stein/Moshe Zimmer-

herrscht ein weiter Konsens darüber, dass Matthäus das Werk von Markus als Vorlage benutzt und entsprechend nach diesem selbst ein Evangelium verfasst hat. Weiter ist man sich einig, dass der Verfasser – ob es nun Matthäus der Zöllner war oder jemand anderes – enge Kontakte zum Judentum pflegte und selbst in der jüdischen Theologie und Lebensweise verwurzelt war, sei dies nun als Mitglieder einer judenchristlich geprägten Gemeinde oder sogar als gebürtiger Jude, allenfalls mit schriftgelehrter Ausbildung.[3]

Soweit der Konsens. In der Frage der theologischen Ausrichtung des zweiten Evangeliums gehen die Meinungen auseinander: Spricht Mt ein jüdisch-judenchristliches Milieu an, oder handelt es sich dabei um eine Schrift für heidenchristliche Leser:innen? Für eine judenchristliche Zielorientierung sprechen die Einbindung in die jüdische Heilsgeschichte anhand der Rückbindung des Stammbaums Jesu an den Urvater des jüdischen Volkes, Abraham (Mt 1,1–17), die intensive Gesetzesdiskussion (z. B. in der Bergpredigt Mt 5–7), wie sie im Frühjudentum zu halachischen Fragen gepflegt wurde, die Schrifthermeneutik des Alten Testaments (am deutlichsten sichtbar in den sog. Reflexionszitaten, in denen in der Regel prophetische Schriften messianisch auf Jesus hin gedeutet werden), und die Gestaltung der Geburtsgeschichte Jesu in Analogie zu der des Moses, gefolgt von einer Fünfergliederung des Evangeliums in Analogie zur fünfbändigen Tora (die fünf Reden Jesu im MtEv entsprechen den fünf Büchern Moses). Für eine eher heidenchristliche Orientierung sprechen der Einbezug von Heidinnen in den Stammbaum (Tamar, Rahab, Ruth, Batseba), die Identifikation Jesu als des Messias durch heidnische Priester (die sog. Magier/Sterndeuter Mt 2,1ff), die kritische Gesetzesdiskussion (cf. die autoritativen Radikalisierungen in den Antithesen Mt 5,21ff), die Wendung »ihre Synagogen« (4,23; 9,35; 10,17 u. a.) als Zeichen der Abgrenzung und schließlich der Missionsauftrag für die (scil. heidnischen) Völker (28,19).

Ein einfacher Kompromiss läge in der Behauptung, das Evangelium beginne jüdisch und ende heidnisch, was aber dem Sachverhalt nicht ge-

---

mann: Wegweiser für die Verwirrten, in: Benz, Wolfgang (Hrsg.): Streitfall Antisemitismus. Anspruch auf Deutungsmacht und politische Interessen. Metropol Verlag 2020, S. 19–32, hier S. 29f.

[3] Schnelle, Udo: Einleitung in das Neue Testament, Vandenhoeck & Ruprecht [8]2012, S. 288ff.; Broer, Ingo: Einleitung in das Neue Testament, Echter [3]2010, S. 110ff.; Kollmann, Bernd: Neues Testament kompakt, Kohlhammer 2014, S. 136f.

recht wird. Vielmehr dürfte es so sein, dass Mt keinen Grund sieht, die Jesusgeschichte aus der Heilsgeschichte des Judentums zu entfernen, diese jedoch exklusiv christologisch bestimmt, so dass sie offen wird für die Teilhabe der Völker. Ob man die Betonung nun darauf legt, dass das Judentum in Christus für die Völker zugänglich wird oder das Christentum der Völker für das Judentum zugänglich bleibt, scheint mir von geringer Unterschiedlichkeit zu sein. Bedeutsam ist die christologische Bestimmtheit, wie sie sich exemplarisch in der Klammer um das Evangelium zeigt: Christus ist der »Gott-mit-uns« (Immanuel: Mt 1,23), der nach seiner Auferweckung die Jünger zu den Völkern schickt und ihnen verheißt, »alle Tage bis ans Ende der Zeit« mit ihnen zu sein (28,20). Trotz aller Kritik an den Eliten des Judentums (paradigmatisch dargestellt in den Konflikten mit den Pharisäern und den Hohepriestern in Mt 23) lässt sich nicht behaupten, Matthäus lehne das Judentum generell ab und sehe die Zukunft allein im Heidenchristentum. Die Zukunft und die Mitte ist Christus – das ist der matthäische Fokus.

Damit lässt sich die erste Frage beantworten: Mt weist m. E. keine antisemitischen Intentionen auf, äußert allerdings Kritik an den jüdischen Eliten, wie sie in jedem Evangelium vorkommt, und er bestimmt die Frage des Heils durch Christus. Dies aber ist eine theologische Entscheidung und keine antisemitische Äußerung, man kann ihr folgen oder auch nicht.[4]

---

[4] Die zum Teil zur Karikatur verzeichneten Auseinandersetzungen mit dem Judentum und insbesondere den Pharisäern und Hohepriestern reichen einerseits zurück auf tatsächliche Konflikte Jesu mit diesen Parteien, sind aber andererseits Spiegelungen der zur Zeit der Evangelienverfassung stattfindenden Trennung zwischen Kirche und Synagoge, die seitens der Kirche als äußerst schmerzhaft empfunden wurde. Es ist sicherlich nicht falsch zu sagen, dass die Evangelien und insbesondere das MtEv eine literarische Abrechnung mit der sie begründenden Tradition darstellt, die zur Zeit ihrer Verfassung nie hat damit rechnen können, dass die Macht- und Mehrheitsverhältnisse je in eine andere als die bestehende Richtung kippen würde, in der das Judentum trotz der Zerstörung international gefestigt und gegenüber dem Christentum äußerst dominant war. Man könnte hier bildhaft vom Kläffen des Junghundes sprechen, der gerade von der Mutter verstoßen worden ist resp. sich von der Mutter getrennt hat.

2. Kontext, Perikopenaufbau und die Frage nach der Schuldzuweisung

Mt folgt seiner mk Vorlage sehr genau, fügt aber zwischen die Verleugnung durch Petrus (Mk 14,66–72) und die Verhandlung vor Pilatus (Mk 15,1–5) den Todesbeschluss des Hohen Rates (Mt 27,1–2) und das Ende des Judas ein (Mt 27,3–10). Dies ist insofern von Bedeutung, als beide Episoden indirekt mit dem Blutwort zu tun haben. Der Todesbeschluss des Hohen Rates ist die Vorwegnahme des Urteils durch Pilatus und stellt die Bedingung für die Beeinflussung der Menge durch den Rat her. Hier wird das Unrecht entschieden, das später bestätigt und umgesetzt wird, und Mt stellt mit der Einfügung der Episode sicher, dass dieses Unrecht nicht als spontanes Fehlurteil des Mobs im Sinne der Lynchjustiz verstanden werden kann, sondern als bewusster Entscheid der jüdischen Elite.

Die Erzählung des Endes von Judas ist bedeutsam, weil dieser seine Schuld eingesteht (27,4: »Ich habe gesündigt, indem ich unschuldiges Blut ausgeliefert habe«), eine Aussage, die Pilatus wörtlich, wenn auch negativ wiederholt (27,24: »Ich bin unschuldig an diesem Blut«). Während der Verräter die Wahrheit sagt, lügt der Richter, und während der eine seine Schuld eingesteht, schiebt der andere sie von sich. Die Schuldabweisung ereignet sich also gleich doppelt: Zuerst vom Hohen Rat auf Judas (V 27,4: »Sieh du zu!«), danach von Pilatus auf das Volk (27,24: »Sehr ihr zu!«).

Mt gestaltet den Kontext sehr bewusst und zeichnet zweimal eine Szene *en miniature*, die sich kurz darauf in aller Öffentlichkeit wiederholen wird: Der Todesbeschluss des Hohen Rates weist auf dessen Schuld, genauso wie das Urteil durch Pilatus diesen selbst schuldig spricht, während die Szene rund um das Ende des Judas die Frage nach der persönlichen Verantwortung aufnimmt, die die Protagonisten nicht tragen wollen – weder der Hohe Rat noch Pilatus –, einzig Judas, der fatale Konsequenzen aus seinem Fehler zieht.

Die beiden Szenen sind kontextuell von großer Bedeutung, weil sie in Form von Hinterzimmerpolitik das Folgende vorwegnehmen. Durch den quasi-intimen Blick in die geheimen Kammern zeigt er seinen Leser:innen, dass der wahre Schuldige (Judas) abgewiesen wird, sich die Handelnden zu Schuldigen machen, die Verantwortung dafür aber ablehnen. Die Verurteilung Jesu durch Pilatus ist kein Produkt des Zufalls, sondern detailliert geplant und planmäßig ausgeführt. Die Rolle der Menge bei dieser Verurteilung ist zwar nicht unbedeutend, aber schon jetzt als bedingt qualifiziert.

Nach dem Vorspiel im Hinterzimmer präsentiert Mt das Geschehen *coram publico* und baut es so auf, dass die Frage der Schuld viermal mit stetiger Zunahme der Gegnerschaft zur Sprache kommt. Zuerst erfolgt die Gegenüberstellung Jesu mit Barabbas, die umso pikanter ist, als beide denselben Namen tragen (V15-18).[5] Ob letzterer schuldig oder zu Unrecht inhaftiert ist, bleibt bei Mt im Gegensatz zu Mk, der dessen Sündenregister vollständig aufzählt (Aufstand und Mord), offen. Jesu Unschuld ist offensichtlich, die seines Gegenübers bleibt ambivalent. Danach wird diese 1:1-Gegenüberstellung verstärkt durch den Traum der Frau von Pilatus, die Jesus nicht bloß »unschuldig«, sondern geradezu »gerecht« nennt (V19) und damit einen Begriff verwendet, der sowohl im Judentum im Allgemeinen wie auch bei Mt im Speziellen von höchster Bedeutung ist. Der Traum ist ein Wort vom Himmel, er dient als göttliche Intervention vor dem Richtstuhl, um den Angeklagten zu rechtfertigen.[6] Pilatus hätte auf seine Frau hören können, tat es aber nicht und nimmt damit jene Schuld auf sich, die die Frau im selben Vers von Jesus weggenommen hat. Barabbas war ambivalent, Pilatus ist es nicht mehr. Drittens kommt die Schuldfrage in der Überredung des Volkes durch den Hohen Rat zur Sprache: Die Menge ist bisher ein neutraler Haufen von Gaffer:innen, deren Meinung erst noch gefestigt werden muss und auch wird (V20f.). Die Akteure setzen um, was sie vorher in Klausur beschlossen haben. Die Schuldfrage wird jetzt im Gegenüber Jesu zur Elite verhandelt, die sich dessen Schuld aufgrund des vorgängigen Verhörs (Mt 26,57-67) sicher ist und sich nun daran macht, ihre Sicherheit auf das Volk zu übertragen. Die Elite setzt ihren Plan durch – das war zu erwarten. Dass sie dabei aber der Volksmenge nicht erlaubt, sich ein eigenes Urteil zu bilden, sondern sie überredet, macht sie in noch weiterem Maße zu Tätern. Und zum vierten Mal wird die Schuldfrage thematisiert, wenn das Volk aus eigenem Antrieb die Kreuzigung

---

5   Die Version ohne den Vornamen »Jesus« bei Barabbas ist textkritisch zwar bedeutend besser belegt, es handelt sich hier aber um einen klassischen Fall der *lectio difficilior*, weil es eindeutig nicht im Interesse der Kopisten gelegen haben kann, dem Verbrecher denselben Namen zuzuschreiben wie dem Herrn.

6   Dass Mt Träume als Winke vom Himmel versteht, die nicht gedeutet werden müssen, sondern eindeutig sprechen, zeigen die von ihm am Anfang seines Evangeliums erwähnten Träume Josefs (1,20; 2,19) und der Magier (2,12).

fordert (V22 f.) und die Verantwortung für ein mögliches Fehlurteil übernimmt (V25). Das verantwortungsbewusste Geschrei der vielen führt zum Urteil, welches sich zuerst in der Gegenüberstellung mit einem (Barabbas) und einer zweiten Person (Frau von Pilatus), dann im Gegenüber mit der Elite und schließlich im Chor der Meute stufenweise gebildet hat.[7]

Jesus, der Einzelne und Unschuldige, wird kontrastiert mit einer anschwellenden Zahl von Schuldigen, die ihn am Ende überwältigt.[8] Mit diesen Konfrontationen setzt Mt nicht nur die Schuldfrage ins Zentrum der Perikope, er beantwortet sie auch gleich, indem er eine unüberschaubare Masse an Schuldigen aufzeigt und so die Unschuld Jesu als eine zum Himmel schreiende, aber in der Welt ungehört bleibende herausstellt. Die Menge der Schuldigen macht es praktisch unmöglich, die Schuldfrage zu klären und die Verantwortung für den Tod Jesu einer Person, einem Gremium oder einer Gruppe allein zuzuweisen, weil sie alle Schuld tragen. Aber gerade deshalb leuchtet die Unschuld des Einen in dieser dunklen Stunde besonders hell. Matthäus kann die Schuldfrage nicht abschließend klären, umso deutlicher aber die Unschuldsfrage. Diese Schuldeskalation ist die erste Teilantwort auf die Frage, weshalb Mt den Blutvers eingefügt hat: Die Anzahl der Schuldigen wird stetig gesteigert, bis sie bei allen – und dann fataler-, aber auch konsequenterweise beim ganzen Volk angekommen ist. Dabei geht es Mt weniger darum, die Schuldfrage zu klären, sondern vielmehr darum, die Unschuld Jesu hervorzuheben.

3. Einzelexegese V25: Das Blutwort

Soweit die Vorarbeit zum Blutwort. Ein genauer Blick auf V25 *(Da antwortete das ganze Volk: Sein Blut komme über uns und unsere Kinder!)* soll nun die restlichen Fragen klären. Die Menge handelt selbständig, wenn auch instrumentalisiert durch den Hohen Rat, aber nicht mehr von ihm instruiert. Und sie wird neu als ganzes Volk (πᾶς ὁ λαός) bezeichnet.»Volk« (λαός) ist die Bezeichnung der LXX für das Volk Israel (z.B. Ex 6,7; 19,4; Dtn 4,37; Jer 7,23; 31,31; Ez 11,20), und um jegliche Zwei-

---

[7] Zum Motiv des Händewaschens in der Antike und Israel vgl. Klaiber, Walter: Das Matthäusevangelium, BNT I/2, Neukirchener 2015, S. 255f und Gnilka, Joachim, Matthäus, HThK I/2, Herder 1988, S. 457.

[8] Zur Steigerung der Schuldigen vgl. auch Wright, Nicholas Thomas: Matthäus für heute (Bd. 2), Brunnen 2013, S. 208.

fel über die Reichweite dieses Begriffs zu ersticken, bestimmt Mt es mit dem Wort »ganz«. Aus der Menge (ὄχλος) V15.20.24, ein grundsätzlich neutraler Zahlbegriff) wird eine selbstständig schreiende Meute, welche nun das ganze Volk Israel repräsentiert. Die Schuldeskalation hat ihren Höhepunkt erreicht: Es werden nicht nur die Anwesenden (nicht zu Unrecht) zu Schuldigen, es werden auch die Abwesenden kollektiv in diese Schuld eingebunden. Dieser Schritt ist aufgrund der von Mt bewusst und geschickt inszenierten Schuldeskalation verständlich, er stellt aber eine Eskalationsstufe dar, vor der sowohl Mk (15,6ff) wie auch Lk (23,13ff) zurückschrecken. Weshalb wird Israel kollektiv involviert?

Vielleicht hängt dies mit dem zusammen, was dieses ganze Volk sagt: »Sein Blut komme über uns!« Die Vorstellung der Blutschuld ist in vielen Kulturen verbreitet,[9] auch im Alten Testament (Lev 20,9–16; Jos 2,19; 2Sa 1,16; 3,28; 1Kö 2,37; Jer 26,11–15 passim). Sie ist eine Verantwortungsübergabe mit Todesfolge (»wer sich nicht an die Abmachung hält, dessen Blut komme über ihn«) oder eine Verantwortungsübernahme im unschuldigen Todesfall (»wenn ich mich nicht an die Abmachung halte, komme das Blut des unschuldigen Opfers über mich«).[10] Dieses Wort wird nicht selten in einem kollektiven Sinn verwendet, in dem der Tod eines einzelnen Unschuldigen den Tod eines Kollektivs zur Folge hat.[11] Genau auf diesen Fall rekurriert Mt 27,25: Sollte der Tod Jesu unrecht gewesen sein, möge die Schuld das ganze Volk betreffen. Was in der Überzeugung des Nichteintreffens gelobt wird, erweist sich als der Fall, der eintrifft. Und die fatale Wirkungsgeschichte klopft bereits an die Türe.

Weshalb nun fügt Mt diesen folgenschweren Vers ein? Die erste Hälfte der Antwort haben wir bereits gesehen: Das Blutwort bildet die quasi-logische Klimax der Schuldeskalation. Ein weiterer Punkt dürfte darin liegen, dass sich der Vers passgenau in die Situation einfügt: Der Regress in eine archaische Zeit, als das Recht wesentlich mündlich praktiziert wurde, nimmt die Lust des Mobs nach Lynchjustiz trefflich auf und beschreibt die Stimmung in ihrer quasi-anarchischen Abgründigkeit. Es scheint sich dabei entgegen dem ersten Augenschein weniger um die

---

[9] Belege für die Verwendung des Motivs in der Antike bei Lohmeyer, Ernst: Das Evangelium des Matthäus, KEK Sonderband, Vandenhoeck & Ruprecht 1958, S. 386 und FN 2.
[10] Diese Verwendung im doppelten Sinne findet sich exemplarisch in Jos 2,19 im Zusammenhang mit Rahab und der Erstürmung Jerichos.
[11] Jer 26,11–15; 51,35.

Schuldzuweisung an das nationale Kollektiv zu handeln, sondern eher um die sprachliche Inszenierung der chaotischen Situation, mit der sich Pilatus konfrontiert und der sich Jesus ausgeliefert sah. Dies soll die mt Entscheidung nicht verharmlosen, aber es soll die Vermutung stärken, dass Mt um der szenischen Darstellung der Unschuld Jesu willen die unzutreffende, kollektive Schuldzuweisung in Kauf nahm.[12]

Und schließlich kennt gerade die von Mt hochgeschätzte prophetische Tradition verschiedene Beispiele kollektiver Verwendung (ein unschuldig Getöteter, für den eine Stadt oder ein ganzes Volk die Verantwortung übernimmt). Dass auch noch die nächste Generation involviert wird (»und über unsere Kinder«), könnte einen historischen Grund haben: Die Kinder der damals Anwesenden sind diejenigen, die die Tempelzerstörung miterlebt haben, welche im Christentum gerne als Strafe für die Kreuzigung Jesu interpretiert wurde, wobei selbst gewisse Strömungen des Judentums den Verlust des Tempels als Strafe für den Ungehorsam des Volkes interpretierten, ohne dies jedoch mit dem Tod Jesu in Verbindung zu bringen.[13]

5. Schlussfolgerungen und Gegenlesungen

Die Untersuchung des Blutwortes Mt 27,25 in seinem Kontext hat besonders in Hinblick auf die historische Situation des Autors gezeigt, dass es nicht sachgemäß ist, Matthäus antisemitische Tendenzen oder Intentionen zu unterstellen. Die Textanalyse weist darauf hin, dass nicht die Schuldzuweisung im Fokus von Mt 27 steht, sondern der Erweis der Unschuld Jesu. Die Schuldfrage wird mehrfach und auf verschiedene Weise gestellt, ohne dass am Ende ein eindeutiger Schuldspruch gefällt werden

---

[12] Klaiber, Matthäus, S. 257, verneint die Möglichkeit, dass es sich beim Blutwort um ein auf einer historisch verbürgten Quelle fußendes Wort handle, weil es theologisch zu dicht und zu aufgeladen sei (in gleicher Weise argumentiert Luz, Ulrich: Das Evangelium nach Matthäus, EKK I/4, Neukirchener 2002, S. 268, vgl. dort auch die Angaben zur Forschungsgeschichte). Dem wage ich zu widersprechen: Gerade weil es in der Tradition in dieser oder jener Form und diesem Wortlaut geläufig ist, ist anzunehmen, dass ein aufgereizter Mob solch archaisch-anarchisch-traditionelle Formeln ohne lange Reflexion herausschreit. Damit ist die Frage, ob Mt eine historisch verlässliche Quelle verwendet oder eigenständig redaktionell tätig ist, nicht beantwortet, sondern es wurde lediglich auf die Plausibilität beider Möglichkeiten hingewiesen.
[13] Luz, Matthäus EKK I/4, S. 281 mit FN 93.

könnte. Schuld sind primär die römischen und jüdischen Eliten, aber auch das Volk, das sich instrumentalisieren lässt und infolgedessen auch selbsttätig handelt. Schuld sind also alle, unschuldig ist der eine. Und die Exegese des Blutwortes macht deutlich, dass es sich dabei um ein äußerst exakt passendes Traditionselement handelt, das die Stimmung des Mobs (Lynchjustiz) treffend wiedergibt und zudem die Eskalationsreihe bis ins Kollektiv eines ganzen Volkes fortführt und dieses darüber hinaus auch möglicherweise auf die noch gar nicht geborenen Kinder ausweitet. Mehr Menschen können gar nicht schuldig sein – und Jesus damit gar nicht unschuldiger.

Eine sprachliche und szenische Meisterleistung des Evangelisten, lauerte da nicht von Anfang an der Abgrund des Missverständnisses und des Missbrauchs, mit deren Möglichkeit Mt hat rechnen können und hätte rechnen müssen.[14] Die Schuld an einer unsagbaren Wirkungsgeschichte trägt er, zumindest teilweise. Selbstverständlich kann er nicht direkt für die Judenverfolgungen im Mittelalter und den Holocaust im 20. Jahrhundert verantwortlich gemacht werden, trotzdem aber zeigt der Vergleich mit den anderen Evangelien, dass diese Form der Schuldeskalation nicht unausweichlich ist – keiner der anderen Autoren hat sie in dieser oder ähnlicher Form gestaltet. Mt hat m. E. teilfahrlässig gehandelt, indem er sich zu wenig energisch gegen die Eventualität einer Fehlrezeption gestemmt hat.[15]

Zum Schluss soll nun der Versuch von Gegenlesungen unternommen werden. Gegenlesungen sind Interpretationen, die sich bewusst gegen die (vermutete) Intention des Autors stellen, um den Text im Sinne einer übergeordneten hermeneutischen Perspektive trotz seiner zweifelhaften Aussage und seiner desaströsen Wirkungsgeschichte als Wort Gottes ernst zu nehmen und in den Kanon lebensbejahender Theologie des Neuen Testaments zurückzuführen. Ich erwähne drei Versuche und bin mir bewusst, dass es sich lediglich um Versuche handelt.

---

14 Zur Verantwortlichkeit des Autors vgl. Schäfer, Peter: Kurze Geschichte des Antisemitismus, Piper 2022, S. 57 in Hinblick auf Mt 27,25: »[D]er Verfasser des Matthäusevangeliums [setzt] ein Bild von den Juden in die Welt, dessen Implikationen und Folgen er nicht mehr kontrollieren konnte (und vielleicht auch nicht wollte).«

15 Luz, Matthäus EKK I/4, S. 283 ff., arbeitet sich an der Wirkungsgeschichte des Blutwortes ab, um – stellvertretend für viele – am Ende zu kapitulieren (S. 287): »Ich breche diese Liste von unentschuldbaren Anwendungen von Mt 27,25 ab.«

Die erste Gegenlesung nimmt die beinahe grenzenlose Ausweitung der Schuldzuweisung auf (ein ganzes Volk einschließlich der ungeborenen Kinder) und erkennt darin die Wahrheit der Tiefe der Schuld: Die Frage der Schuld am Tod Jesu ist erst dann definitiv beantwortet, wenn sie nicht auf einzelne Akteure reduziert, sondern auf das ganze Volk ausgeweitet wird. Das Volk Gottes ist – ganz im Sinne von Mt – jedoch nicht bundestheologisch auf Israel zu limitieren, sondern schöpfungstheologisch auf die ganze Menschheit auszuweiten. Schuld sind in diesem Sinn nie »sie« oder »die anderen«, sondern immer nur »wir« und »alle«. Jesus stirbt nicht wegen seinen Mördern und auch nicht lediglich für seine Mörder, sondern für alle Mörder:innen dieser Welt. Wer ohne Schuld ist, möge seinen Stein werfen, alle anderen sollen dagegen selbstkritisch murmeln oder schreien: mea culpa, mea maxima culpa. So gelesen führt Mt in die richtige Richtung.

Die zweite Gegenlesung nimmt den Faden auf, den Walter Klaiber seinerseits von Franz Mussner übernommen hat und liest das Blutwort als Hinweis auf das Kelchwort (Mt 26,27 f.), welches das vergossene Blut Jesu gerade nicht für die Sünde der wenigen, sondern als Vergebung der Sünden der vielen versteht.[16] Was im Hof des Statthalters geschah, ist nicht die Ursünde des Judentums, sondern die Kernsünde der Menschheit, welche paradoxerweise zur Vergebung führt und damit zum Wunder der Gnade. Das Blut Jesu kommt in der Tat über »uns und unsere Kinder«, nicht aber als Rache-, sondern als Gnaden- und Bundesblut. Dass mit »uns« nicht »sie«, sondern »wir« gemeint sind, versteht sich aufgrund der ersten Gegenlesung von selbst.

Die dritte Gegenlesung schließlich verbindet die zweite mit der ersten und versteht das »ganze Volk« ($\pi\tilde{\alpha}\varsigma\ \dot{o}\ \lambda\alpha\acute{o}\varsigma$) als das noch immer von Gott erwählte, durch dessen (Fehl)verhalten sich die Heilsgeschichte Gottes auf geheimnisvolle Weise entfaltet und bis zu den Völkern vordringt (cf. dazu auch Rö 11,25ff!). Israel als Volk Gottes im Gehorsam und Ungehorsam wäre dann zu verstehen als Ermöglichung des Missionsbefehls (Mt 28,19 f.) für alle Völker ($\pi\acute{\alpha}\nu\tau\alpha\ \tau\grave{\alpha}\ \acute{\epsilon}\theta\nu\eta$). Gott wendet sich nicht vom einen, ungehorsamen Volk ab und den anderen zu, sondern macht das, was das unglückliche Ende einer Erwählungsgeschichte zu sein schien,

---

[16] Klaiber, Matthäus, S. 258. Der Verweis auf Mussner findet sich bei Luz, Matthäus EKK I/4, S. 290.

zum Ausgangspunkt seiner globalen Liebes- und Gnadengeschichte. Die Völker ereilt das Heil nicht, weil Israel es ablehnt, sondern weil Israel es erst ermöglicht. Und so werden die Völker nicht zum neuen Israel, sondern zu neu in Israel eingefügten Stämmen.

*

Es gibt Texte im Neuen Testament, deren Intention kaum zu bemängeln, deren Wirkungsgeschichte aber so sehr aus dem Ruder gelaufen ist, dass sie gleichsam zu »bösen Texten« werden. Das Blutwort in Mt 27,25 ist ein solcher Text. Meine Analyse und Interpretation verstehen ihn nicht als grundsätzlich böse, sondern lediglich als auf fahrlässige Weise verfasst, und trotzdem bleibt uns nichts anderes übrig, als ihn neu zu kontextualisieren und ihn gegen den Strich zu lesen, um angesichts des Bösen, das in seinem Namen verübt worden ist, nicht nur sprachlos zu bleiben. Gegenlesungen sind exegetisch lediglich bedingt zulässig, in diesem Fall aber unumgänglich. Mögen sie Perspektiven schaffen, um aus dem Bösen, das stets möglich ist, das Gute, das immer nötig ist, werden zu lassen.

ZWEI GLAUBENSWEISEN
Martin Bubers Anfragen an das Christentum

Jörg Barthel und Martin Thoms

Wer heute über das Verhältnis des Christentums zum Judentum nachdenkt, kommt um Martin Buber Schrift »Zwei Glaubensweisen« nicht herum. Denn selten ist die Eigenart des christlichen Glaubens in seinem Kern derart konziliant und zugleich radikal in Frage gestellt worden wie hier. Der katholische Theologe Eugen Biser bezeichnete Martin Bubers Studie als »die härteste Infragestellung, die das Christentum in diesem [d. h. dem 20.] Jahrhundert erfahren hat«.[1] Buber scheut sich nicht, Jesus von Nazareth, den er nach fünf Jahrzehnten intensiven Studiums des Neuen Testaments als »meinen großen Bruder« bezeichnen kann, als Kronzeugen seiner Kritik in Anspruch zu nehmen.[2]

Das erstmals 1950 veröffentlichte Buch »Zwei Glaubensweisen« entstand nach Bubers Emigration (1938) in den Jahren ab 1942 in Jerusalem, wo Buber in einem arabischen Viertel lebte. In diese Zeit fiel der am 17. April 1948 losbrechende arabisch-israelische Krieg zwischen Juden und Palästinensern, den Buber als besonders traumatisch erlebte, sah er doch sein Engagement für ein einvernehmliches Zusammenleben von Juden und Arabern durch den von Extremisten auf beiden Seiten entfesselten Krieg aufs Stärkste gefährdet. In diesem Zusammenhang übte er auch Kritik am Staat Israel, den er »als den meinen«[3] bejahte, aber zugleich in die Pflicht nahm: »Nur wenn das jüdische Volk den Geist der Gerechtigkeit als seinen Wegweiser bewahrt, [...] kann es hoffen, etwas Größeres

---

[1] Zitiert nach Karl-Josef Kuschel, Martin Buber – seine Herausforderung an das Christentum, 2. Aufl. Gütersloh 2015, 277.
[2] Martin Buber, Zwei Glaubensweisen. Mit einem Nachwort von David Flusser, 2. Aufl. Gerlingen 1994, 15.
[3] Zitiert nach Kuschel, a. a. O., 241.

als nur einen weiteren Staat der Welt hervorzubringen.«[4] Gut denkbar, dass Buber heute angesichts der Reaktionen Israels auf den Überfall der Hamas am 7. Oktober 2023 Ähnliches zu erinnern gäbe. Vor diesem Hintergrund versteht Buber »Zwei Glaubensweisen« auch »als ein Buch *jüdischer Selbstbehauptung und Identitätsbewahrung*«[5].

Wir beleuchten im Folgenden einige ausgewählte Aspekte von Bubers Überlegungen.

I. Die Grundunterscheidung

Wie in seinem Hauptwerk »Ich und Du« setzt Buber mit einer ebenso einfachen wie folgenreichen Grundunterscheidung ein: »Es stehen einander zwei, und letztlich nur zwei, Glaubensweisen gegenüber.«[6] Natürlich weiß Buber, dass beide Glaubensweisen in der Empirie in sich differieren und einander überlagern. Deshalb ist seine Unterscheidung, wie David Flusser im Nachwort bemerkt, »nicht als eine Dichotomie zwischen dem Judentum und dem Christentum zu erklären oder als ein ontologischer Gegensatz«[7] zu verstehen. Sie hat vielmehr typologisch-paradigmatischen Sinn: »Die erste Glaubensweise hat ihr klassisches Beispiel an der Frühzeit des Glaubensvolkes Israels [...], die zweite an der Frühzeit der Christenheit.«[8] Wie unterscheiden sich beide im Detail?

1.1 Emuna als Vertrauensverhältnis

Die erste Glaubensweise nennt Buber *Emuna* – ein Wort, das sich von der hebräischen Wurzel אמן (*aman*) ableitet, welche die Grundbedeutung »fest, zuverlässig, sicher sein« hat und im Alten Testament zur Bezeichnung des Glaubensvorgangs verwendet wird.[9] Dabei geht es nicht um eine objektiv messbare oder feststellbare Zuverlässigkeit und Sicherheit,

---

[4] Zitiert nach ebd., 243.
[5] Zitiert nach ebd., 248.
[6] Buber, Zwei Glaubensweisen, a. a. O., 9.
[7] Ebd., 230.
[8] Ebd., 11. Nach Flusser stellt das Gegenüber der beiden Glaubensweisen »ein tragisches innerchristliches Problem« dar (ebd., 230).
[9] Vgl. Renate Brandscheidt, Glauben (AT), in: WiBiLex. Das Wissenschaftliche Bibellexikon im Internet (2013), zum davon abgeleiteten Amen siehe Christoph Rösel, Amen (AT), in: ebd.

sondern um ein inniges Vertrauensverhältnis. Wozu ein Mensch »Amen« sagt, dem vertraut er. Emuna bedeutet, »daß ich zu jemand[em] Vertrauen habe«[10], also »Vertrauen im existentialen Sinn«[11]. In dieser Glaubensweise findet sich der Mensch vor, da er »primär Glied einer Gemeinschaft ist, deren Bund mit dem Unbedingten ihn [immer schon] mit umgreift und determiniert.«[12] Das heißt auch: »Die persönliche Emuna jedes Einzelnen bleibt in die des Volkes eingebettet und zieht ihre Kraft aus dem lebenden Gedächtnis der Generationen an die großen Führungen der Urzeit.«[13] Deshalb kann Buber die Emuna auch als ein »›Beharrens‹verhältnis« verstehen. Bei einem so verstandenen Glaubensbegriff bedeutet Umkehr nicht, einen gänzlich neuen Weg einzuschlagen, sondern auf jenen Weg zurückzukehren, auf den man als Gemeinschaft des Volkes immer schon gesetzt ist. Wenn Jesus im Gefolge der Propheten Israels zur Umkehr ruft, meint er damit »nicht einen Glauben ›an Gott‹, welchen [...] die Hörer [...] als etwas Eingeborenes und Selbstverständliches besaßen, sondern dessen Verwirklichung in der Ganzheit des Lebens«.[14] Mit der Grundunterscheidung von »Ich und Du« gesprochen: Emuna ist Glaube in der Ich-Du-Beziehung.[15]

I.2 Pistis als Für-wahr-Halten

Die zweite Glaubensweise nennt Buber *Pistis*. Auch wenn Bubers inhaltliche Bestimmung dieses Begriffs exegetisch und sprachlich unvollständig ist[16], erfasst er doch wesentliche Akzente insbesondere der paulinisch-protestantisch geprägten Glaubensgestalt. *Pistis* ist für Buber nicht primär ein Vertrauensverhältnis, sondern das »Als-wahr-annehmen und Als-wahr-anerkennen eines verkündigten Satzes über den Gegenstand

---

10 Buber, Zwei Glaubensweisen, a.a.O, 9.
11 A.a.O., 179.
12 A.a.O., 11.
13 A.a.O., 179.
14 A.a.O., 32.
15 Vgl. Martin Buber, Ich und Du, Ditzingen 2021.
16 So stellt Ernst Käsemann heraus, dass ebenso wie Bubers *Emuna* auch *Pistis* (πίστις) »das Moment des Vertrauens« betont (An die Römer, 2. Aufl. Tübingen 1974, 100). Genauso macht Emil Brunner fast schon gebetsmühlenartig deutlich, dass Pistis den »Vertrauensgehorsam« bezeichnet und sich nicht auf »etwas Wahres«, sondern auf den personenhaften Gott selbst bezieht (Wahrheit als Begegnung, 3. Aufl. Zürich 1984, 104.130).

des Glaubens«[17]. Es geht also um den Glauben, *dass* etwas so und so ist. Buber verweist dafür auf Römer 10,9, wo das Wort des Glaubens dadurch bestimmt wird, »dass wenn du mit deinem Mund Jesus als Herrn bekennst [ὁμολογήσῃς] und in deinem Herzen glaubst [πιστεύσῃς], dass Gott ihn aus den Toten auferweckt hat, du errettet werden wirst«. Glaube (*Pistis*) scheint hier fast deckungsgleich mit einem Bekenntnis zu sein. In dieser Glaubensweise findet sich der Mensch nicht vor, sondern er bekehrt sich zu ihr. Darum ist er als Glaubender auch nicht zuerst Glied einer Gemeinschaft, deren Bund mit dem Unbedingten ihn schon immer miteinschließt, sondern »primär ein Einzelner, zu einem Einzelnen Gewordener, und die Gemeinschaft entsteht als Verband der bekehrten Einzelnen«[18]. Im Unterschied zur Emuna ist die Pistis nicht in der Geschichte und Gemeinschaft des Volkes verankert: »Die christliche Pistis wurde außerhalb der Geschichtserfahrungen von Völkern, sozusagen im Austritt aus der Geschichte, geboren, in den Seelen von Einzelnen, an die die Forderung herantrat, zu glauben, daß ein in Jerusalem gekreuzigter Mann ihr Erlöser ist.«[19] Bei einem so verstandenen Glaubensbegriff bedeutet Umkehr nicht Rückkehr auf den eigentlichen Weg, auf den man als Gemeinschaft eines Volkes immer schon gesetzt ist, sondern einen gänzlich neuen Weg einzuschlagen. Dies nennt Buber *Bekehrung*. Wer sich bekehrt, kehrt nicht auf den geschichtlichen Weg der Gemeinschaft zurück, sondern vollzieht den Bruch mit Gemeinschaft und Geschichte.

Unverkennbar wendet Buber hier die in »Ich und Du« begründete Unterscheidung der beiden »Grundworte« Ich-Du und Ich-Es auf den Glaubensbegriff an. Während sich der Mensch in der Emuna auf Gott als sein Du ausrichtet und so allererst zum Ich wird, fasst die Pistis den Glaubensinhalt als einen beschreibbaren Gegenstand, also ein Es. Buber ist immer wieder vorgeworfen worden, er unterschätze die inhaltliche Bestimmtheit des Vertrauens (Emuna) ebenso wie den Vertrauensgehalt der Pistis. Diese Anfragen haben zweifellos ihr Recht. Und doch wäre es leichtfertig, Bubers Anfragen an das christliche Glaubensverständnis damit für erledigt zu halten, wie die folgenden Überlegungen zeigen.

---

[17] Buber, Zwei Glaubensweisen, 181.
[18] A.a.O., 11.
[19] A.a.O., 181.

2. Glaube und Werke

Das Verhältnis von Glauben und Werken ist in der christlichen Theologie bekanntlich von Beginn an kontrovers diskutiert worden. Bubers Kritik zielt auf die paulinisch-protestantische Trennung von Glauben und Werken. Er zitiert Römer 10,8f., um den paulinischen Reduktionismus zu kennzeichnen[20]: »›Das Wort ist dir nahe, in deinem Mund und in deinem Herzen.‹ [Zitat Dtn 30,14]. Das ist das Wort des Glaubens, das wir predigen, *dass* ... [nun folgen die schon vorher zitierten bekenntnishaften Nebensätze].« In Dtn 30,14 geht es also um das Wort, *das es zu tun gilt*. Zudem wird dieses Wort wenige Verse zuvor ausdrücklich als *Gebot* bezeichnet (Dtn 10,11). Indem Paulus den Gebotscharakter des Wortes verschweigt, trennt er den Glauben von der Gesetzeserfüllung und zerschneidet das Band zwischen Glauben und Werken. Zugleich entwertet er die Werke, indem er ihnen jede Heilsbedeutung abspricht.

2.1 Die Gegenwartsspur des Göttlichen klebt an der Tora

Demgegenüber konstatiert Buber: »Die jüdische Glaubensauffassung lässt sich etwa in dem Satz zusammenfassen: Erfüllung des göttlichen Gebots ist gültig, wenn sie nach dem vollen Vermögen der Person und der vollen Glaubensintention geschieht.«[21] Die Erfüllung des Gebotes wird also nicht von einer objektiven, extrinsischen Instanz aus bewertet, sondern relational im Horizont des Vermögens und der Intention. Damit verbunden ist ein fundamental anderes Gesetzesverständnis, was sich auch in der Verwendung des Ausdrucks »Thora« anstelle von »Gesetz« ausdrückt. Buber schreibt: »Thora heißt in der hebräischen Bibel nicht Gesetz, sondern Weisung, Hinweisung, Unterweisung, Anweisung. Belehrung. [...] Die Thora Gottes wird als Unterweisung in seinen Wegen verstanden, und somit nicht als ein abgeschlossenes Objektivum außerhalb seiner. Sie umfaßt Gesetze [...], aber sie selber ist wesenhaft nicht Gesetz, immer haftet am gebietenden Wort die Gegenwartsspur des Sprechens, immer ist die weisende Stimme dabei oder klingt doch mit an. Die Wiedergabe durch ›Gesetz‹ entzieht dem Begriff Thora diesen seinen dynamischen und vitalen Charakter.«[22] Glaube und Werke sind nach diesem Verständnis also eng miteinander verknüpft. Glaube kann als Ausrichtung

---

[20] A.a.O., 54–57.
[21] A.a.O., 58f.
[22] A.a.O., 59f.

der Werke auf Gott verstanden werden. Was später in Glaube und Werke, Gesetz und Evangelium, Zuspruch und Anspruch aufgespalten wurde, ist in der Tora untrennbar miteinander verbunden und ineinander verwoben. Es gibt weder eine Trennung zwischen Glauben und Werken noch zwischen Zuspruch und Anspruch. Das eine begegnet dem Glaubenden im anderen immer schon mit. Deshalb ist das »Gesetz« keine objektive Größe außerhalb Gottes, sondern die »Gegenwartsspur des Sprechenden« in seiner Weisung selbst. Was Luther für den Zuspruch des Evangeliums (*promissio*) behauptet, nämlich dass »[d]as laut werdende, sinnlich hörbare Wort [...] selbst eine Gestalt des Heiligen Geistes (ist)«[23], gilt für Buber auch vom Wort der Tora.

2.2 Liebe ich Gott, oder liebt Gott sich selbst durch mich?

Doch damit nicht genug. Buber spitzt seine Kritik noch einmal zu: Werden menschliche Werke durch die Behauptung, der Mensch könne Gott grundsätzlich nichts entgegenbringen, was er vorher nicht von ihm empfangen hat, degradiert, so entpuppt sich die Liebe zu Gott am Ende als Gottes Selbstliebe durch den Menschen hindurch.[24] Diese Gefahr sieht Buber in der paulinischen und augustinischen Tradition gegeben. Demgegenüber betont er: »Der Gott, der hier [in der Tora] redet, redet von einem Partner, in dem er nicht selber, durch die Macht seiner eigenen Liebe, die Liebe zu ihm erweckt oder wirkt, vielmehr [...] will er von ihm gefürchtet – und geliebt werden.«[25] Die Glaubensweise der Emuna, in der der Bund Gottes mit dem Volk eine entscheidende Rolle spielt, ist also getragen von einem echten Wechselverhältnis zwischen Mensch und Gott. Das meint Buber, wenn er den Menschen »Partner« Gottes nennt. Kann der Mensch nur von Gott empfangen, aber ihm nichts Eigenes geben, kann schwerlich von einem Bundes- oder Beziehungsverhältnis die Rede sein.

An anderer Stelle hat Buber diese Kritik anthropologisch gewendet, indem er in der christlichen Sorge um das eigene Seelenheil eine subtile Form der Selbstbezüglichkeit entdeckt hat.[26] Die klassische Polemik

---

[23] Oswald Bayer, Das alte Buch in neuer Zeit. Zur Theologie der Predigt, in: Ders.. Vernunft und Vertrauen. Zur Grundorientierung lutherischer Theologie, Berlin/Boston 2023, 89.
[24] Buber, Zwei Glaubensweisen, a.a.O, 143.
[25] A.a.O., 144f.
[26] Vgl. Martin Buber, Der Weg des Menschen nach der chassidischen Lehre, 6. Aufl. Heidelberg 1972, 36ff.

christlicher Theologie gegen jüdische »Werkgerechtigkeit« wird hier umgekehrt: Gerade im Tun des Guten, d.h. der Gebote Gottes, um seiner selbst willen kommt der Mensch los vom Kreisen um das eigene Heil.

3. Christologie

Die Christologie Bubers muss man wohl genauer als Jesulogie bezeichnen. Denn Buber geht es weniger um den auferstandenen Christus, der gottgleich zur Rechten Gottes thront in Ewigkeit, sondern um Jesus von Nazareth als herausragende irdische Persönlichkeit.

3.1 »Mein grosser Bruder«

Auch wenn Buber entgegen der liberalen christlichen Theologie durchaus mit einem messianischen Bewusstsein Jesu rechnet, gehört Jesus für ihn zur Sphäre des Irdischen, nicht des Göttlichen. Mit Christoph Schmidt kann bei Buber unterschieden werden »zwischen dem genuin jüdischhebräischen Glauben ›von‹ Jesus selbst und dem durch Paulus begründeten christlich-griechischen Glauben ›an‹ den Gottmenschen Christus als Erlöser«.[27] Im Glaubens von Jesus kann Buber sich selbst wiedererkennen, weshalb er Jesus als »meinen großen Bruder«[28] bezeichnet. Nach Karl-Josef Kuschel setzt Buber mit dieser Bezeichnung drei verschiedene Akzente:[29]

1. Jesus ist ein »*Bruder*«: Als Jude ist Jesus Bubers Bruder genauso wie alle anderen Juden auch.
2. Jesus ist »*mein* Bruder«: Das »mein« drückt die tiefe innere Verbundenheit Bubers mit der Person Jesu aus.
3. Jesus ist »mein *großer* Bruder«: Schließlich ist Jesus nicht nur *ein* Bruder unter anderen, sondern er hat für Buber eine herausragende Stellung. »Gewisser als je ist es mir, daß ihm ein großer Platz in der Glaubensgeschichte Israels zukommt und daß dieser Platz durch

---

[27] Christoph Schmidt, Die jesuanische Unterscheidung - Bubers Zwei Glaubensweisen als theopolitische Diagnose, 1 (https://www.academia.edu/12366837/Die_jesuanische_Unterscheidung_Bubers_Zwei_Glaubensweisen_als_theopolitische_Diagnose [17.11.2023]).
[28] Buber, Zwei Glaubensweisen, a.a.O., 13.
[29] Vgl. Kuschel, a.a.O., 257f.

keine der üblichen Kategorien umschrieben werden kann.«[30] Jesus ist für Buber also eine geschichtlich herausragende, jedoch keine metaphysische Person.

Während Buber in den synoptischen Evangelien keinen Gottmenschen Jesus ausmachen kann, der zum Glauben an sich selbst aufruft, sieht er im Johannesevangelium die Vergottung Jesu einsetzen. Wenn Thomas zum auferstandenen Jesus sagt: »mein Herr [ὁ κύριός μου] und mein Gott [ὁ θεός μου]« (Joh 20,28), dann ist er für Buber »[u]nter allen Jüngern Jesu (...) der erste Christ im Sinn des christlichen Dogmas«[31]. Seinen dogmatisch verfestigten, objektiven Ausdruck findet das Bekenntnis des Thomas im 1. Johannesbrief: »Dieser [Jesus von Nazareth] ist der wahrhafte Gott und das ewige Leben (οὗτός ἐστιν ὁ ἀληθινὸς θεὸς καὶ ζωὴ αἰώνιος, 1 Joh 5,20). Entsprechend übergibt der Märtyrer Stephanus sterbend seinen Geist nicht mehr Gott, wie der sterbende Jesus es tat (Lk 23,46), sondern dem »Herrn Jesus (κύριε Ἰησοῦ)« (Apg 7,59).

3.2 »Das Bild verdeckt den Bildlosen«

Buber kann durchaus wertschätzend vom Glauben *an* Christus und dessen existenzieller Tragkraft sprechen, wie er am Beispiel von Söderblom und Dostojewski verdeutlicht. Dennoch ist die Vergottung Jesu für ihn im Letzten ein Verstoß gegen das Bilderverbot, der Gottes Universalität und seine Unmittelbarkeit einschränkt. Er schreibt: »[Der] israelitische Mensch erkennt seinen Gott in allen Mächten und Geheimnissen wieder, aber nicht als Gegenstand unter Gegenständen, sondern als das ausschließliche Du des Gebets und der Devotion [...] zum Bildlosen, das heißt auf keine Erscheinungsform Eingeschränkten.«[32] Das Bilderverbot ist der Garant für die Erkenntnis Gottes in »allen Mächten und Geheimnissen«. Gottes Bildlosigkeit bewahrt seine universale Unmittelbarkeit, so dass Buber an anderer Stelle sagen kann: »In jeder Sphäre, in jedem Beziehungsakt, durch jedes uns gegenwärtig Werdende blicken wir an den Saum des ewigen Du hin«[33]. Das bedeutet im Umkehrschluss: Die exklusive Konzentration der Offenbarung Gottes auf Jesus Christus schränkt die Erkenntnis Gottes massiv ein. Am Ende verdeckt Jesus als

---

30 Buber, Zwei Glaubensweisen, a.a.O., 13.
31 A.a.O., 135.
32 A.a.O., 138.
33 Buber, Ich und Du, 101.

Christus Gott selbst: »Diese Glaubens- und Lebenswirklichkeit [des bildlosen, ewigen Du in allem] ist es, der der Christ – nicht bekenntnismäßig, aber faktisch – entgegentritt, indem er in seiner eigenen Glaubens- und Lebenswirklichkeit Gott ein bestimmtes Gesicht, jenes Menschengesicht, wohl nicht verleiht, aber zuteilt [...]. Zugleich bildlos und bildhaft ist der Gott des Christen, jedoch bildlos mehr in der religiösen Idee, bildhaft mehr in der gelebten Gegenwart. Das Bild verdeckt den Bildlosen.«[34] Jesus Christus ergänzt oder konkretisiert das bildlose ewige Du nicht nur, sondern *verdeckt* es sogar. »Damit ist die Präsenz des Einen Bildlosen, das Paradox der Emuna, durch das binitarische Gottesbild ersetzt«[35]. Der Christusglaube gefährdet nicht nur den Glauben als Emuna, sondern auch den Glauben an den Einen Gott.

Es ist hier nicht der Ort, mögliche Einwände gegen Bubers Charakterisierung des christlichen Glaubens zu diskutieren. Unabhängig von der Stichhaltigkeit der Argumentation fällt einmal mehr auf: Buber wendet den Vorwurf des Partikularismus, den christliche Theologie traditionell gegen das Judentum erhoben hat, gegen das Christentum selbst.

4. Vergebung, Zorn und Erbarmen

Die von Buber konstatierte christologische Verengung hat auch Auswirkungen auf die Frage nach dem Heil, die Soteriologie. Sie führt einerseits zu einer Einschränkung des Zugangs zu Heil und Vergebung und andererseits, was noch schwerer wiegt, zu einer Spaltung im Gottesbild selbst.

4.1 Christus als Unterbrechung der Unmittelbarkeit zu Gott

Immer wieder wurde von christlichen Theologen behauptet, das Judentum sei eine partikulare Stammesreligion, während das Christentum das Heil universal allen Menschen erschließe. Buber wendet diesen Vorwurf gegen das Christentum selbst. Im Anschluss an seine Überlegungen zur Verdeckung des Bildlosen durch Christus stellt er fest: »Es ist, als sei, seit Jesus den Jüngern jene Unterweisung [von der Unmittelbarkeit Gottes im Gebet] gab, um die Deitas eine Mauer errichtet worden, in die nur die eine Tür gebrochen ist; wem sie sich öffnet, schaut den Gott der Gnade, der die Welt erlöst hat; wer ihr fernbleibt, ist den Satansengeln preisgegeben,

---

[34] Buber, Zwei Glaubensweisen, 138.
[35] A.a.O., 135.

denen der Gott des Zorns den Menschen überantwortet hat.«[36] Es ist bereits angeklungen: Buber geht es darum zu betonen, dass Gott *immer* und *jederzeit allen* Menschen unmittelbar gegenübersteht. Im Gebet kann sich jeder Mensch Gott unmittelbar zuwenden. In dieser Tradition versteht Buber die Verkündigung und das Leben Jesu. Jesu Zusage »Bittet, so wird euch gegeben« (Mt 7,7) gilt allen Menschen ohne Ausnahme, »niemand ist ausgenommen«[37]. Doch seit Johannes und Paulus scheint das anders zu sein. »Die Unmittelbarkeit ist abgetan. ›Ich bin die Tür‹ wird es nun heißen (Johannes 10,9); (…) Zugang haben einzig, die an ›die Tür‹ glauben.«[38]

Buber verdeutlicht das am Beispiel des Vaterunsers. Wer wie Jesus betet »Vergib uns unsere Schuld«, »reicht sich dem *hier und jetzt* vergeben wollenden Gott hin«[39]. Es braucht keine weiteren Voraussetzungen, kein Kreuz und keine Auferstehung, damit Gott vergeben kann. Die Vergebung Gottes ist nicht eingeschränkt auf diejenigen, die »an die Tür glauben«, sondern gilt allen, die wie Jesus beten. »Die Vergebung ist nicht eschatologisch, sondern ewig gegenwärtig.«[40] Eschatologisch meint hier: bedingt durch den Glauben an das Erlösungswerk Jesu. Diesen Glauben braucht es nach Buber nicht, damit Gott vergibt. Die universale Unmittelbarkeit Gottes liegt im Menschsein des Menschen selbst: »Die Unmittelbarkeit zu Gott ist der in der Erschaffung des Menschen gestiftete Bund, der nicht aufgehoben wurde und wird.«[41] In der Geschöpflichkeit des Menschen selbst ist die Unmittelbarkeit zu Gott angelegt. Eine »enge Pforte« kann es da nicht geben.

4.2 Eine schizophrene Gottheit?

Die soteriologische Verengung des Zugangs zu Gott hat Auswirkungen auf das Gottesbild selbst. Je heller das Licht der Erlösung in Christus erstrahlt, desto dunkler wird die Welt. Wenn das Heil nur in Christus zu finden ist, Gott also nur den Christusgläubigen unmittelbar Gegenüber sein kann, entfernt sich die Welt immer weiter von Gott und seiner Einflusssphäre und »ist den Satansengeln preisgegeben«[42]. Auf diese Weise

---

[36] A.a.O., 170.
[37] A.a.O., 169.
[38] Ebd.
[39] A.a.O., 168.
[40] A.a.O., 167.
[41] A.a.O., 167.
[42] A.a.O., 170.

verselbstständigt sich der Zorn Gottes bei Paulus zu einer geradezu dämonischen Größe. Es droht eine Dichotomie zwischen Gottes Gericht und seinem Erbarmen. Demgegenüber wird der Zorn Gottes im Alten Testament und in der Glaubensweise der Emuna immer als »väterliches Ergrimmen über das unbotmäßige Kind, dem auch der Ergrimmte seine Liebe nicht entziehen mag«[43], verstanden. »[N]ie, auch in der tödlichsten Vergeltungstat Gottes nicht, wird das Band der Unmittelbarkeit [von Mensch und Gott] zerrissen«[44]. Dagegen inszeniert Paulus den Zorn Gottes als ein beinahe dämonisches Gewaltwesen.[45] Der Zorn Gottes ist nicht mehr Indiz seiner bleibenden Nähe, sondern Indiz seiner Abwesenheit. Er erscheint fast als ein von Gott unabhängiges Ungetüm.

Damit aber droht die Gefahr einer Schizophrenie in der Gottheit selbst. Gottes Gericht und sein Erbarmen treten grundsätzlich auseinander. Buber schreibt: »Der paulinischen Verteilung der Gerechtigkeit Gottes an dieses Äon und seiner erlösenden Gnade an die Endzeit steht hier [in der Glaubensweise der Emuna] die dynamische Einheit von Gerechtigkeit und Gnade gegenüber.«[46] Paulus beschreibt die Menschheitsgeschichte als Geschichte des Gerichts unter dem Zorn Gottes (Röm 1,18 ff.). Allein in Christus scheint das helle Licht der Erlösung, die Welt ohne Christus aber bleibt in der Dunkelheit des Gerichtes gefangen. Gericht und Erbarmen treten also zeitlich und sachlich auseinander. Die ganze Menschheitsgeschichte bis zum Kommen Jesu bedeutet Gericht, und sie bleibt es für diejenigen, die sich nicht zu Christus bekennen, auch nach seinem Kommen. In diesem Sinne ist das Erbarmen Gottes ausschließlich eine eschatologische Größe. Dem stellt Buber leidenschaftlich die Lehre von den zwei Middot, den zwei Handlungsweisen Gottes gegenüber, welche als Gericht und als Erbarmen immer miteinander verbunden sind, auch wenn die eine oder die andere den Vorrang haben kann: »Je und je überwiegt eine, aber sie wirkt nie allein«[47]. Das bedeutet: Auch im strengsten Gericht und im brennendsten Zorn ist die Gnade Gottes enthalten und die Unmittelbarkeit zu Gott gewahrt. Doch fest steht zugleich, dass das Erbarmen Gottes, die zweite Weise Gottes also, die stärkere der beiden ist: »Im ganzen Gang der Menschheitsgeschichte, und nicht erst in der Erlösung,

---

[43] A.a.O., 147.
[44] A.a.O., 148.
[45] Ebd.
[46] A.a.O., 162.
[47] A.a.O., 161.

präValiert die Gnade; ›das Maß der Güte ist größer als das Maß der Vergeltung‹, heißt es in einem frühtalmudischen Text (Tos. Sota IV 1)⁴⁸. In jenem Spruch von der Vorsehung Gottes und der ›Befugnis‹ des Menschen fährt Akiba fort: ›Die Welt wird mit Güte gerichtet‹ – ein Satz, der nicht nur das Endgericht, sondern auch schon das stete Walten Gottes zum Gegenstand hat.«⁴⁹ Mit anderen Worten: Die Welt war nie, ist nicht und wird nie frei sein von Gottes Güte und Erbarmen. Die Gnade hat nicht erst im Erlösungswerk Christi den Primat, sondern schon von jeher.

In der Verfinsterung der Welt unter dem göttlichen Zorn sieht Buber unser gegenwärtiges Zeitalter vorbereitet, das er ein »paulinisches Zeitalter ohne Christus« oder einen »Paulinismus der Unerlösten«⁵⁰ nennt. In ihm erscheint die Welt als Verhängnis, gottlos, den Mächten des Bösen ausgeliefert – »es ist eine paulinische Welt, nur dass Gott in die undurchdringliche Finsternis rückt und für einen Mittler kein Raum ist.«⁵¹ Während Paulus die verhängnisvolle, gottverfinsterte Welt unter dem Lichtkegel Christi sah, ist heute allein die verfinsterte, gottlose Welt übrig geblieben, wie sie uns paradigmatisch im Werk Kafkas entgegentritt. Zugespitzt formuliert: Paulus hat Gott aus der Welt verbannt, um ihn auf Christus zu konzentrieren. Ist der in Christus konzentrierte Gott abhandengekommen, bleibt nur noch eine gottlose Welt übrig. Für die Glaubensweise der Emuna gilt dagegen: »Daß er [Gott] sich verbirgt, verkürzt die Unmittelbarkeit nicht; in der Unmittelbarkeit bleibt er der Heiland, und der Widerspruch des Daseins wird uns zur Theophanie.«⁵² In der Glaubensweise der Emuna, in der Gott immer schon der ganzen Welt unmittelbar gegenübersteht und in allen Sphären dieser Welt gegenwärtig ist, kann nie und nimmer von der Gottlosigkeit der Welt die Rede sein, allenfalls von der Verborgenheit Gottes. Auch in der Verborgenheit aber bleibt die Unmittelbarkeit Gottes gewahrt, weshalb sie zur Theophanie, zur Erscheinung Gottes werden kann.⁵³

---

[48] Tosefta bezeichnet eine zusätzliche Auslegung, hier zum Traktat Sota des Talmud.
[49] A.a.O., 162.
[50] A.a.O., 171.
[51] A.a.O., 175.
[52] A.a.O., 179.
[53] Vgl. zu diesem Thema ausführlich Martin Buber, Gottesfinsternis. Mit einer Entgegnung »Religion und Psychologie« von Carl Gustav Jung, Heidelberg 1994.

5. Gefahren beider Glaubensweisen

Am Ende des Buches skizziert Buber die Gefahren beider Glaubensweisen und stellt zugleich dar, was sie voneinander lernen können.

Die Gefahr der Emuna ist der Verlust der lebendigen Gemeinschaft und der persönlichen Frömmigkeit, so dass die Gemeinschaft »nur noch strukturell, nicht mehr organisch miteinander verbunden«[54] ist. »Die Emuna hat in der säkularen Nation keine seelische Grundlage mehr und in der isolierten Religion keine vitale.«[55]

Die Gefahr der Pistis ist »ein zweigeteiltes Dasein: [...] Es geht um das Mißverhältnis zwischen Heiligung des Einzelnen und der hingenommenen Unheiligkeit seiner Gemeinschaft, das sich mit Notwendigkeit auf die innere Dialektik der Menschenseele überträgt.«[56] Es liegt auf der Hand, dass Buber hierbei auch an die NS-Zeit denkt, in der die Kirchen zu den NS-Verbrechen weitgehend schwiegen. Für Buber hat dieses Versagen theologische Gründe: Im Streben nach dem Heil des Einzelnen bleibt die Welt sich selbst überlassen und erstarrt zum schicksalhaften Verhängnis.[57]

Abschließend stellt Buber fest: »Der Glaube des Judentums und der Glaube des Christentums sind, in ihrer Weise, wesensverschieden, jeder seinem menschlichen Wurzelgrund gemäß, und werden wohl wesensverschieden bleiben, bis das Menschengeschlecht aus den Exilen der ›Religionen‹ in das Königreich Gottes eingesammelt wird.«[58] So interessant, so rätselhaft erscheinen diese Zeilen. Will Buber sagen, dass der unversöhnliche Unterschied zwischen Judentum und Christentum *menschliche* (nicht göttliche) Gründe hat? Relativiert er das Judentum und alle anderen Religionen auch, wenn er von Religionen als »Exilen« spricht? Das würde bedeuten, dass das Göttliche in den Religionen gefangen ist und viel weiter reicht als diese. Vielleicht setzt Buber das Wort »Religionen« deshalb in Anführungszeichen.

Doch gerade aufgrund ihrer Wesensverschiedenheit können beide Glaubensweisen voneinander lernen: »Aber ein nach der Erneuerung seines Glaubens durch die Wiedergeburt der Person strebendes Israel und

---

54 Buber, Zwei Glaubensweisen, a. a. O., 180.
55 Ebd.
56 A. a. O., 182.
57 Vgl. dazu den instruktiven Aufsatz von Christoph Schmidt, a. a. O.
58 A. a. O., 183.

eine nach Erneuerung ihres Glaubens durch die Wiedergeburt der Völker strebendes Christentum hätten einander Ungesagtes zu sagen und eine heute kaum erst vorstellbare Hilfe einander zu leisten.«[59] Die Glieder der Gemeinschaft der Emuna dürfen sich also – von der Pistis inspiriert – zur Herzensfrömmigkeit erwecken lassen, während die Glieder der Gemeinschaft der Pistis sich – von der Emuna inspiriert – zur lebendigen Gemeinschaft verbinden lassen dürfen. Die Emuna bekommt dadurch mehr Seele, die Pistis mehr Leib.

6. Thesen für den christlich-jüdischen Dialog

Abschließend sollen fünf Thesen vorgestellt werden, die die Kritik Bubers von christlicher Seite konstruktiv aufzunehmen versuchen.

These 1: Der christliche (und jüdische) Glaube lebt von jeher in der Spannung zwischen Emuna und Pistis.
Wie bereits erwähnt, können die beiden Glaubensweisen nicht als ontologische Gegen-sätze behauptet werden, die sich in Reinform je einer der beiden Religionen zuteilen lassen. Dem Vertrauensverhältnis (Emuna) liegen immer auch bestimmte Inhalte zugrunde (Pistis). Und die Inhalte (Pistis) sind im Glaubensvollzug nie nur für wahr gehaltene Dogmen, sondern immer auch Ausdruck eines Vertrauens (Emuna). Jeder Glaubensakt impliziert Inhalte und jeder Inhalt impliziert Formen. *Fides qua* (Glaubensakt) und *fides quae* (Inhalte des Glaubens) gehören zusammen. Es geht also darum, die Pistis in der Emuna und die Emuna in der Pistis aufzuspüren.

These 2: Die Kirche Jesu Christi ist wesenhaft als eine sichtbare Gemeinschaft zu verstehen.
Die Gemeinschaft ist konstitutiv für die Glaubensweise der Emuna. Ein individualistisches Glaubensleben ist hier nicht möglich. Die Kirche Jesu Christi muss sich im Anschluss daran immer auch als *sichtbare* Gemeinschaft verstehen, um ihre Leiblichkeit zu bewahren (1 Kor 12) und nicht zu einer bloßen Idee zu verkommen, auch wenn Geburt und Ethnizität hier keine Rolle spielen. Jedoch kann genau dies zu einer ganz neuen Art

---

[59] Ebd.

der vertieften Gemeinschaft führen, in der das Menschsein als solches die einzig notwendige »ethnische« Gemeinsamkeit ist (Gal 3,28).

These 3: Die Göttlichkeit Jesu kann schechinatheologisch verstanden werden.
Der Gefahr einer Binität und damit der Auflösung des Monotheismus kann nicht mit einem bloßen Beharren auf den klassischen Dogmen begegnet werden. Stattdessen kann im Gespräch mit dem Judentum mit Hilfe der Denkfigur der Schechina deutlich gemacht werden, wie man eine Differenzierung in Gott denken kann, ohne dabei den Monotheismus aufzulösen. Die Schechina ist nach Franz Rosenzweig »die Niederlassung Gottes auf den Menschen und sein Wohnen unter ihnen« und »wird vorgestellt als eine Scheidung, die in Gott selbst vorgeht. Gott selbst scheidet sich von sich; er gibt sich weg an sein Volk«[60]. In genau derselben schechinatheologischen Sprache spricht Jürgen Moltmann von der Inkarnation: »In der Sendung des Sohnes unterschiedet sich Gott von sich selbst und gibt sich hin.«[61] Darum kann Moltmann trinitarisch erweitert sagen: »Ich glaube, dass die Gegenwart Gottes in Christus und im Heiligen Geist nach dem Zeugnis des Neuen Testament die christliche Schechina-Theologie ist.«[62] Dieser Spur ist zu folgen.

These 4: Das Evangelium ist seinem Wesen nach bereits politisch.
Wenn Jesus Christus »Herr« (kyrios) genannt wird, bedeutet das im selben Atemzug, dass den Herren dieser Welt die Herrschaft bestritten wird. Das Evangelium ist demnach seinem Wesen nach bereits politisch und nie nur Privatsache. Hinzu kommen Impulse der Befreiungstheologie, die den untrennbaren Zusammenhang von Schöpfung und Erlösung, Welt- und Heilsgeschichte betonen[63] oder die politische Dimension und den Zusammenhang von Glauben und Werken im Römerbrief herausstellen.[64]

---

[60] Franz Rosenzweig, Der Stern der Erlösung, Freiburg im Breisgau 2002, 455 f.
[61] Jürgen Moltmann, Trinität und Reich Gottes. Zur Gotteslehre. Gütersloh 2016, 91.
[62] Jürgen Moltmann, Weiter Raum. Eine Lebensgeschichte, Gütersloh 2006, 107.
[63] Vgl. Gustavo Gutierrez, Theologie der Befreiung. Mit einem Vorwort von Johann Baptist Metz, 9. Aufl. München 1986, 141 ff.
[64] Vgl. Elsa Tamez, Gegen die Verurteilung zum Tod. Paulus oder die Rechtfertigung durch den Glauben aus der Perspektive der Unterdrückten und Ausgeschlossenen, Luzern 1998. Tamez versteht den Ausdruck *pistis Iesou Christou* in Römer 3,22 als genitivus subjektivus mit der Pointe: »Jesus Christus offenbart, wie ein Gerechter handelt«, sodass »jeder Mensch gerechtfertigt werden kann ..., der das Geschenk der Gerechtigkeit Gottes mit demselben Glauben annimmt, wie Jesus ihn hatte« (156). »Der Glaube

Damit wehrt der christliche Glaube selbst einem Verständnis der Welt als Verhängnis.

These 5: Die Exklusivität Christi ist keine Begrenzung der Universalität und Unmittelbarkeit Gottes, sondern deren konkreter Erweis.
Die Erhöhung Jesu als Christus und die Konkretisierung des Bildlosen im Angesicht des Gekreuzigten und Auferstandenen müssen nicht als Begrenzung der Universalität und Unmittelbarkeit Gottes aufgefasst werden, sondern können als deren konkreter Erweis geltend gemacht werden. Das ewige Du naht sich in unaussprechlicher Unmittelbarkeit im Angesicht Jesu. Christus ist keine Mauer um Gott oder eine schmale Tür, sondern die Brücke hin zu allen Menschen. In Christus sind alle Menschen, Juden und Heiden, erwählt, Teil des Volkes Gottes zu sein. In Christus ist das Volk Gottes potenziell deckungsgleich mit der ganzen Menschheit. Eine Partikularisierung der universalen Unmittelbarkeit Gottes ist zu Recht abzulehnen. Jedoch kann – oder muss! – die Exklusivität Christi als Konkretion Gottes so inklusiv wie nur möglich gedacht werden, will man vom Christusereignis angemessen reden. In der Konkretion selbst ist die Universalisierung angelegt.

---

eines Christen und einer Christin besteht darin, den Glauben Christi zu übernehmen und sich zu eigen zu machen (in Christus leben)« (159). Dies ist in hohem Maße anschlussfähig für Bubers Gedanken.

CHRISTOLOGIE IM KONTEXT DES JÜDISCH-CHRISTLICHEN DIALOGS: FRAGESTELLUNGEN, GEGENWÄRTIGE DEBATTEN UND BEOBACHTUNGEN

Stephan von Twardowski

I DER JUDE JESUS UND DAS BEKENNTNIS ZU JESUS CHRISTUS: HERAUSFORDERUNGEN FÜR DEN JÜDISCH-CHRISTLICHEN DIALOG

Das christliche Verständnis von Jesus als dem Christus galt für Jüdinnen und Juden in Europa über viele Jahrhunderte hinweg nahezu ausschließlich als »Symbol christlicher Unterdrückung«.[1] Das Bild von Jesus fand sich untrennbar mit dem nicht nur in Europa tief verwurzelten christlichen Antijudaismus und Antisemitismus verbunden.[2] Ende des 18. Jahrhunderts setzte sodann eine erste intensive Erforschung der Person und des Wirkens Jesu aus jüdischer Perspektive ein, die sich zur Aufgabe machte, den historischen Jesus als religiöse Gestalt des antiken Judentums zu verstehen.[3] Bereits im 19. Jahrhundert bildeten sich dabei drei grundlegende Erkenntnisse heraus, die den unterschiedlichen Ansätzen jüdischer Jesusforschung gemeinsam sind:

---

[1] Homolka, Walter, Der Jude Jesus – Eine Heimholung, Freiburg im Breisgau ³2020, 9.
[2] Vgl. Schwöbel, Christoph, Jüdische Jesusforschung und die Aufgabe der Christologie – ein Gesprächsbeitrag, in: Danz, Christian/Ehrensperger, Kathy/Homolka, Walter (Hrsg.), Christologie zwischen Judentum und Christentum. Jesus, der Jude aus Galiläa und der christliche Erlöser, Tübingen 2020, 271–290, hier: 272. Siehe im Ganzen ebenfalls: Schäfer, Peter, Kurze Geschichte des Antisemitismus, München 2022.
[3] Vgl. Homolka, Der Jude Jesus, 9–23. Siehe dort im Ganzen die umfassende Darstellung der jüdischen Jesusforschung vor allem seit dem Ende des 18. Jahrhunderts bis in die Gegenwart.

1. Jesus war nicht nur von seiner Herkunft her Jude, er war auch fest in der jüdischen Umwelt seiner Zeit verwurzelt.
2. Das Christentum ist aus dem Judentum hervorgegangen; es hat sich in einem pluralistischen kulturellen Milieu herausgebildet und allmählich zu einer eigenen Religion entwickelt, dabei jedoch einen jüdischen Charakter bewahrt.
3. Jesus von Nazareth ist nicht der Messias, der in der hebräischen heiligen Schrift verheißen ist.[4]

Die bis heute andauernde historisch-kritische Jesusforschung aus jüdischer Perspektive, die sich parallel zur christlich geprägten Erforschung des historischen Jesus[5] zu entfalten begann, löste auf beeindruckende Weise die »Gestalt des jüdischen Jesus von der Geschichte christlicher Polemik, Anfeindung und Verfolgung von Juden.«[6] Der jüdische Theologe Walter Homolka bezeichnet daher die umfassende Arbeit der jüdischen Jesusforschung als »›Heimholung‹ Jesu in das Judentum: als exemplarischen Juden, als mahnenden Propheten, als Revolutionär und Freiheitskämpfer, als großen Bruder und messianischen Zionisten.«[7]

Jesus, der Nazarener, war Jude. Er selbst und die neutestamentlichen Schriften sind historisch vollständig in dem antiken Judentum zu verorten. Auch in der neutestamentlichen Wissenschaft und in der christlichen Theologie insgesamt kann diese grundlegende Einsicht nach einer langen Geschichte strikter, in weiten Teilen auch polemischer und antijudaistischer Gegenüberstellung heute als breiter Konsens bezeichnet werden.[8] Die Frage nach den daraus zu ziehenden Konsequenzen und die Enttarnung und Bearbeitung des im christlichen Denken auf vielfache Weise verankerten Antijudaismus sind jedoch damit alles andere als abgeschlossen, sie stellen vielmehr eine bleibende Aufgabe dar.

---

[4] Homolka, Walter, Der historische Jesus aus jüdischer Sicht, in: Ders./Striet, Magnus, Christologie auf dem Prüfstand. Jesus der Jude – Christus der Erlöser, Freiburg im Breisgau 2019, 11–70, hier 15.

[5] Vgl. für einen Gesamtüberblick der sogenannten Leben-Jesu-Forschung bis in die Gegenwart: Theißen, Gerd/Merz, Annette, Wer war Jesus? Der erinnerte Jesus in historischer Sicht. Ein Lehrbuch, Göttingen 2023.

[6] Schwöbel, Jüdische Jesusforschung und die Aufgabe der Christologie, 272.

[7] Homolka/Striet, Vorwort, in: Dies., Christologie auf dem Prüfstand, 7–9, hier: 7.

[8] Vgl. Danz, Christian/Ehrensperger, Kathy/Homolka, Walter, Jesus, der Jude aus Galiläa, und der christliche Erlöser: Eine Einleitung, in: Dies. (Hrsg.), Christologie zwischen Judentum und Christentum, 1–4, hier: 1.

Im Christentum wird der Jude Jesus als Christus, als Sohn Gottes und als Erlöser bekannt. Während die Einsicht, Jesus als Juden zu verstehen und ihn in jüdischer Tradition zu verorten, das Judentum und das Christentum heute miteinander verbindet, wird vor allem im christlichen Bekenntnis zu Jesus als dem Christus die grundlegende Unterscheidung zwischen Judentum und Christentum erkennbar. »Der Mann aus Nazareth verbindet beide Religionen, aber zugleich trennt er sie.«[9]

Aus der damit beschriebenen Ausgangslage bezüglich der gegenwärtigen Debatten um die Gestalt Jesus von Nazareth und um das Verständnis von Jesus als dem Christus folgen für die christliche Theologie und ebenfalls für den jüdisch-christlichen Dialog grundlegende Fragestellungen, deren Bearbeitung an vielen Stellen erst am Anfang steht. Einige dieser Fragestellungen lauten: »Welche Konsequenzen ergeben sich aus der historischen Sicht des Mannes aus Nazareth für die dogmatische Christologie und das Verhältnis der beiden Religionsfamilien, die religionsgeschichtlich auseinander hervorgegangen sind? Sollte die dogmatische Christologie die jüdische Identität Jesu, wie sie von der historischen Forschung herausgearbeitet wurde, aufnehmen und berücksichtigen?«[10] Kann aus christlicher Perspektive glaubwürdig, angemessen und ohne negative Abgrenzung, Herabwürdigung oder Vereinnahmung des Judentums von Jesus Christus gesprochen, an Jesus Christus geglaubt und Jesus Christus bekannt werden?

Der christliche Theologe Christoph Schwöbel beschreibt in differenzierter Weise die Herausforderung christologischen Redens angesichts des herausgearbeiteten Verständnisses des historischen Jesus von Nazareth aus jüdischer Perspektive:

> Wird Jesus (...) im Kontext des Judentums seiner Zeit interpretiert, dann ist es (...) für die christliche Theologie unmöglich geworden, Jesus als Kontrastfigur zum Judentum zu profilieren. Jesus repräsentiert nicht den Abschied vom Judentum, sondern die bleibende Bindung des Christentums an das Judentum, wenn die christliche Kirche Jesus, diesen Jesus, den Juden Jesus, als den Christus bekennt. Das hat tiefgreifende Folgen für das Verständnis des

---

[9] Ebd. Auch der Koran nimmt Bezug auf die Gestalt Jesu, der somit auch in die islamische Religionsgeschichte gehört. Vgl. dazu: Danz, Christian, Jesus zwischen Judentum und Christentum: Überlegungen zur Christologie im christlich-jüdischen Dialog, in: Deutsches Pfarrerblatt 120 (2020), 151–157, hier: 155.

[10] Danz/Ehrensperger/Homolka, Jesus, der Jude aus Galiläa, und der christliche Erlöser: Eine Einleitung, 2.

Christusbekenntnisses und für die Entfaltung der Christologie als der Lehre von Jesus Christus. Hier liegt die Aufgabe, der sich die christliche Theologie neu stellen muss, wenn sie in ihrem christologischen Grundbestand die Verbindung zu Jesus bewahren will. Die in vielen Varianten übliche Kontrastierung von Jesus und dem Judentum entfällt als Begründungsfigur christologischer Reflexion. Die Differenzen und Kontraste, die schon im Neuen Testament zwischen Jesus und zeitgenössischen religiösen Repräsentanten pointiert dargestellt werden und die dann ein Element in der Ausbildung der christlichen Gemeinschaften im Kontext des Judentums werden, sind als Unterschiede *innerhalb* eines jüdischen Diskursraumes zu verstehen und nicht als Gegensätze zwischen dem Judentum und dem sich konsolidierenden Christentum.[11]

Die jüdische Jesusforschung und deren Erkenntnisse können nicht ohne Folgen für die christliche Theologie bleiben. Vielmehr sind im Rahmen der christlichen Theologie eine kritische Selbstreflexion und theologische Neubetrachtung sowohl hinsichtlich des Verständnisses und der Interpretation des historischen Jesus als auch hinsichtlich der von dieser nicht selten abgekoppelten dogmatisch-christologischen Konzeptionen erforderlich.[12] Die bis in das 20. Jahrhundert hinein wirksame christliche Gottesmord-Anklage etwa und die die Geschichte des Christentums auf vielfache Weise prägende und auf grundlegenden Missdeutungen beruhende, abgrenzende Unterscheidung zwischen dem Judentum als Religion des Gesetzes einerseits und dem Christentum als Religion der Gnade andererseits haben das jüdisch-christliche Verhältnis nachhaltig vergiftet und bedürfen einer grundlegenden selbstkritischen Aufarbeitung im Rahmen christlicher Theologie.[13]

Christoph Schwöbel zufolge führen die Erkenntnisse der jüdischen Jesusforschung im Kontext christologischer Rede und des christlich-jüdischen Dialogs zu der Herausforderung, Identität nicht mehr aufgrund von Ab- und Ausgrenzung und im immunisierenden Gegensatz zum Anderen zu formieren und somit die andere Religion oder den Glauben des Anderen zu instrumentalisieren, sondern vielmehr im stetigen Gespräch die eigene Identitätsbildung selbstkritisch zu prüfen. »Die Sichtweisen

---

[11] Schwöbel, Jüdische Jesusforschung und die Aufgabe der Christologie, 273 (Hervorhebung ebd.).
[12] Vgl. ebd.
[13] Vgl. ebd., 273–274.

der Anderen, die von den Anderen selbst in ihrer eigenen Stimme in das Gespräch eingebracht werden, sind immer wieder neu die Herausforderung zum Verstehen des Eigenen.«[14]

Diesen Zugang vertiefend sieht Schwöbel Identität sowohl im Judentum als auch im Christentum gleichsam »gemeinschaftlich wie persönlich, in der Beziehung zu Gott konstituiert«.[15] Die Frage der Identität findet sich somit nicht in der abgrenzenden Gegenüberstellung, sondern vielmehr in der Gottesbeziehung verankert, die sich im Glauben als geschenkte und unverfügbare Beziehung erschließt. Die Erinnerung »an die transzendente Konstitution der Identität [befreit] von der Notwendigkeit, Identität durch die Ausgrenzung des Andren zu stabilisieren«.[16]

Für die christliche Rede von Jesus als dem Christus bedeutet diese selbstkritische Prüfung angesichts der Ansätze und Ergebnisse der jüdischen Jesusforschung eine neue Konfrontation christologischer Lehre und Überzeugungen mit den Einsichten historischer Forschung. Der Glauben an Jesus Christus ist trotz der notwendigen Unterscheidung zwischen dogmatischer und historischer Erkenntnis bleibend an die Historie des Jesus von Nazareth gebunden.[17]

2 Die Neuansätze zum Verständnis des Judentums aus christlicher Perspektive in den theologischen Konzeptionen nach dem Holocaust

Besonders in der deutschsprachigen christlichen Theologie war nach dem Holocaust die Suche nach einem grundlegend neuen christlichen Verständnis des Judentums und des jüdisch-christlichen Verhältnisses unumgänglich.[18] Die unvorstellbare Katastrophe der Entrechtung, Verfolgung und Vernichtung jüdischer Menschen im Dritten Reich, das umfassende Versagen der Kirchen und der Theologie in Deutschland und deren tiefgreifende Verwicklung in die Geschichte des Antisemitismus

---

14   Ebd., 274. Vgl. dazu ebd., 271–276.
15   Ebd., 276.
16   Ebd.
17   Vgl. ebd., 274–275; Danz, Jesus zwischen Judentum und Christentum, 153–155. Siehe ebenfalls: Theißen/Merz, Wer war Jesus?
18   Vgl. Danz, Jesus zwischen Judentum und Christentum, 151.

und der Entstehung des Holocaust bedurfte einer grundlegenden theologischen Neuorientierung.[19]

Der christliche Theologe Christian Danz unterscheidet systematisch »drei idealtypische Formen der theologischen Grundlegung einer neuen Sicht der jüdischen Religion in der christlichen«[20], die in der zweiten Hälfte des 20. Jahrhunderts entfaltet wurden und in denen jeweils die Frage nach der Rede von Jesus Christus und somit die Christologie im Zentrum steht:[21]

1. Die sogenannten *Israeltheologien* entfalten Christologien, die aufzeigen, »wie die Völker Zugang zu dem einen Bund Gottes mit dem israelitischen Volk erhalten«[22] (u. a. Friedrich-Wilhelm Marquardt[23] und Berthold Klappert[24]). Den Völkern ist in Jesus Christus eine Teilhabe am Bund Gottes mit Israel eröffnet (Partizipationsmodell). »Die Gottesoffenbarung in Jesus Christus und die christliche Religion treten also nicht mehr an die Stelle des Bundes Gottes mit Israel. Vielmehr eröffnet umgekehrt Jesus von Nazareth den Heiden die Möglichkeit, an dem Bund Gottes mit Israel teilzuhaben und so Miterben derjenigen Verheißung zu werden, die der jüdischen Religion gilt. Die Christologie wird damit zur Bestätigung der bleibenden Erwählung Israels.«[25] Danz, der die zugrundeliegende Intention solcher Entwürfe hervorhebt, kritisiert jedoch an diesem Ansatz, dass dabei die Eigenständigkeit des Christentums gegenüber dem Judentum auf problematische Weise aufgelöst und das Christentum als Bestandteil

---

19 Vgl. Schwöbel, Christoph, Das Christusbekenntnis im Kontext des jüdisch-christlichen Dialogs, in: Ders., Gott in Beziehung. Studien zur Dogmatik, Tübingen 2002, 293–319, hier: 293–298.
20 Danz, Jesus zwischen Judentum und Christentum, 151–152. Vgl. dazu ausführlich: Ders., Jesus von Nazareth zwischen Judentum und Christentum. Eine christologische und religionstheologische Skizze, Tübingen 2020, 7–89.
21 Vgl. hier und im Folgenden: Ders., Jesus zwischen Judentum und Christentum, 151–153.
22 Ebd., 152.
23 Vgl. Marquardt, Friedrich-Wilhelm, Das christliche Bekenntnis zu Jesus, dem Juden. Eine Christologie, Bd. 1, München 1990; Ders., Das christliche Bekenntnis zu Jesus, dem Juden. Eine Christologie, Bd. 2, München 1991.
24 Vgl. Klappert, Bernd, Miterben der Verheißung. Beiträge zum jüdisch-christlichen Dialog, Neukirchen-Vluyn 2000.
25 Danz, Jesus zwischen Judentum und Christentum, 152.

des Judentums begriffen wird (Inklusivismus). Den Völkern wird zwar durch Jesus Christus der Anschluss an die jüdische Erwählung eröffnet. Das Judentum stellt jedoch somit »das eigentliche Christentum«[26] dar, wird also christlich-theologisch konstruiert.[27] Trotz gegenteiliger Absicht ist somit implizit erneut eine Herabsetzung des Judentums eingeführt.

2. Mit Hilfe *übergeordneter Rahmentheorien* werden Christologien entfaltet, die die bleibende Erwählung Israels ebenso wie deren gemeinsame Gültigkeit für das Christentum und folglich die Eigenständigkeit beider Religionen aufzuzeigen beabsichtigen (u. a. Jürgen Moltmann[28]). Das Christentum und das Judentum stehen in diesen Entwürfen auf gleicher Ebene und finden sich durch einen beiden Religionen gleichsam übergeordneten Bezugsrahmen (»Bund Gottes, die Tora, die Offenbarung Gottes oder das Eschaton«[29]) miteinander verbunden. Danz arbeitet heraus, dass in diesen Ansätzen trotz aller Bemühungen der Betonung der Eigenständigkeit beider Religionen und deren bleibende Erwählung etwa durch das Festhalten an der Offenbarung Gottes in Jesus Christus »als Erfüllung des Gottesbundes und der Tora«[30] eine defizitäre Betrachtung und inklusivistische Herabstufung des Judentums gegenüber dem Christentum letztlich unvermeidlich ist.

3. In den Entwürfen sogenannter *pluralistischer Religionstheologien* aus christlicher Perspektive (u. a. Perry Schmidt-Leukel[31]) werden Christologien entfaltet, die »als metaphorische Beschreibung der religiösen Bedeutung Jesu neben anderen religiösen Heroen«[32] erkennbar werden. Hier werden verschiedene, in gleicher Weise gültige Bünde Gottes ausgemacht, die nebeneinander existieren und die sich allesamt

---

[26] Ders., Jesus von Nazareth, 30.
[27] Vgl. Ders., Christologie als Bestätigung der jüdischen Religion? Überlegungen zur Lehre von Jesus Christus im Zeitalter des religiösen Pluralismus, in: Danz/Ehrensperger/Homolka, Christologie zwischen Judentum und Christentum, 123–144, hier: 127–133.
[28] Vgl. Moltmann, Jürgen, Der Weg Jesu Christi. Christologie in messianischer Dimension, München: 1989. Siehe dazu: Danz, Jesus von Nazareth, 41–51.
[29] Ders., Jesus zwischen Judentum und Christentum, 152.
[30] Ders., Jesus von Nazareth, 52. Vgl. auch ebd., 51–55.
[31] Vgl. Schmidt-Leukel, Perry, Gott ohne Grenzen. Eine christliche und pluralistische Theologie der Religionen, Gütersloh 2005.
[32] Danz, Jesus zwischen Judentum und Christentum, 152.

gleichsam auf ein transzendentes Absolutes beziehen. An diesem Modell kritisiert Danz, dass die prägenden Unterschiede, Besonderheiten und Eigenständigkeiten der Religionen partikularisiert und letztlich in einer allgemeinen Religion aufgelöst werden.[33]

Laut Christian Danz tendieren die genannten verschiedenen Modelle und Entwürfe in ihrer Absicht, das Trennende zwischen dem Judentum und dem Christentum durch die Entfaltung einer bestimmten Christologie abzubauen und somit auch die theologische Anerkennung und Eigenständigkeit des Judentums herauszuarbeiten, letztlich allesamt »zu einer untergründigen Vereinnahmung des Judentums durch die Theologie«.[34]

Gegenüber den mit den genannten Modellen verbundenen christologischen Entwürfen schlägt Danz vor, »die Christologie als Beschreibung der theologischen Besonderheit der christlichen Religion zu verstehen und von ihrer Übertragung auf das Judentum abzusehen. Nur durch eine solche Selbstbeschränkung (...) gelangt die Theologie zu einer wirklichen Anerkennung der jüdischen Religion als seiner selbständigen Religion.«[35] Eine solche Selbstbeschränkung verzichtet auf die »Religionen übergreifende Einheitsmodelle«[36].

Die Überlegungen von Danz führen zu der grundsätzlichen Frage nach der Aufgabe der Christologie im Kontext des jüdisch-christlichen Dialogs.[37]

3 »Wer ist Jesus Christus für uns heute?«: Zur Aufgabe der Christologie im Angesicht und im Kontext des jüdisch-christlichen Dialogs

In einem Brief vom 30. April 1944 aus der Haft des nationalsozialistischen Regimes schrieb der Theologe Dietrich Bonhoeffer: »Was mich unablässig bewegt, ist die Frage, was das Christentum oder auch wer

---

33 Vgl. ebd., 153.
34 Ders., Jesus von Nazareth, 4.
35 Ders., Jesus zwischen Judentum und Christentum, 151.
36 Ebd., 154.
37 Vgl. dazu im Ganzen: Danz/Ehrensperger/Homolka (Hrsg.), Christologie zwischen Judentum und Christentum.

Christus heute für uns eigentlich ist.«[38] In seinen einschlägigen und vielfach rezipierten Überlegungen angesichts der grundlegenden Herausforderungen und grausamen Wirklichkeiten des Dritten Reichs und des Weltkrieges ringt Bonhoeffer nach lebendigen Orientierungen im christlichen Glauben und nach konkreten, tragfähigen und zukunftsweisenden Antworten auf diese Fragestellung.

»Wer ist Jesus Christus für uns heute?« – Diese Frage kann bei Bonhoeffer als die Grund- und Ausgangsfrage der sogenannten Christologie – also der verantwortlichen christlichen »Lehre von Jesus als dem Christus«[39] – bezeichnet werden. Eine solche Christologie setzt beständig mit der Frage nach der lebendigen personalen Gegenwart Jesu Christi (*Christus praesens*) mitten in der Wirklichkeit des Lebens und der Welt an. Sie hat ihren »Ort nicht primär in der lehrmäßigen Entfaltung«[40] und der reflektierenden Systematisierung der identifizierten Inhalte, wie es Christoph Schwöbel verdeutlicht. Das wäre eine Aufgabe des zweiten Schritts der Christologie, den Schwöbel als »Christologie als Reflexion«[41] bezeichnet. Primärer Ort der Christologie ist vielmehr die in der geschenkten »Lebensgemeinschaft mit Jesus Christus, [dem] auferstandenen gekreuzigten Herrn«[42] jeweils konkret vollzogene Bezugnahme »auf Jesus Christus als lebendige Person«[43]. »Die Christologie der Reflexion ist verankert in den christologischen Gebeten und Akklamationen, in der christologischen geformten Praxis des Brotbrechens, in der Christologie des Gottesdienstes und des Zeugnisses.«[44]

Der Ort der Christologie ist somit zunächst konkreter und relationaler Vollzug (lebendige Erinnerung Jesu, Bekenntnis zu und Zeugnis von der in Jesus Christus geoffenbarten Geschichte Gottes) und im zweiten,

---

[38] Bonhoeffer, Dietrich, Widerstand und Ergebung: Briefe und Aufzeichnungen aus der Haft, Dietrich Bonhoeffer Werke, Bd. 8, hrsg. von Christian Gremmels, Eberhard Bethge und Renate Bethge in Zusammenarbeit mit Ilse Tödt, Gütersloh 1998, 401–408, hier: 402.
[39] Schwöbel, Das Christusbekenntnis im Kontext, 301.
[40] Ders., Jüdische Jesusforschung und die Aufgabe der Christologie, 277.
[41] Ders., Das Christusbekenntnis im Kontext, 301. Schwöbel greift dabei auf die von Schubert M. Ogden eingeführte Unterscheidung zwischen »Christologie des Zeugnisses oder des Bekenntnisses und der Christologie als Reflexion« zurück (ebd.). Siehe dazu: Ogden, Schubert M., The Point of Christology, London 1982.
[42] Schwöbel, Jüdische Jesusforschung und die Aufgabe der Christologie, 277.
[43] Ebd.
[44] Ebd.

darauf aufbauenden und zugleich darin verankerten Schritt »*theologische Reflexion auf das Bekenntnis der christlichen Gemeinde, dass Jesus der Christus ist*«[45].

Antworten auf die Frage »Wer ist Jesus Christus für uns heute?« können als Gestalten »christologischer Rede und christologisch geformter Praxis«[46] begriffen werden. »Christologie in ihren unterschiedlichen Formen, als Gottesdienst, als Zeugnis, als Reflexion über den Charakter der Wirklichkeit, versucht auf diese Frage eine Antwort zu geben.«[47]

Sofern Christologie im Vollzug des Bekenntnisses und des Zeugnisses ihren Ausgangspunkt nimmt, wird ebenfalls erkennbar, dass sich die Identität Jesu nicht in erster Linie aus den Beobachtungen und Erkenntnissen des Menschen und somit aus der Abgrenzung erschließt, sondern vielmehr »die Antwort auf die Wer-Frage, von Gott erschlossen werden muss. Schon die Geschichte vom Petrus-Bekenntnis bei Cäsara Philippi (Mt 16,16 f.), die Antwort des Petrus auf die Frage ›Wer sagt ihr, dass ich sei?‹, hält fest, dass diese Antwort nicht durch Fleisch und Blut, nicht aus der einfachen Beobachtung des Menschen Jesus, gegeben werden kann, sondern vom Vater im Himmel erschlossen werden muss.«[48]

Es stellt sich nun die Frage, welche Relevanz ein so verstandener christologischer Ansatz im Kontext des christlich-jüdischen Dialogs und angesichts der Erkenntnisse und Beiträge der jüdischen Jesusforschung hat und ob dieser als angemessen zu betrachten ist. Kann ein solcher Ansatz den Strategien der Ausgrenzung oder der Vereinnahmung bezüglich des Judentums, wie sie Christian Danz enttarnt und entfaltet, entgegentreten?[49] Kann ein solcher Ansatz zu einer angemessenen, in den Fragen und Herausforderungen der Gegenwart verantwortlichen christologischen Rede führen?

---

45 Schwöbel, Das Christusbekenntnis im Kontext, 303 (Hervorhebung ebd.).
46 Ders., Jüdische Jesusforschung und die Aufgabe der Christologie, 278.
47 Ebd. Vgl. im Ganzen Schwöbels detaillierte Auseinandersetzung mit der Frage »Wer ist Jesus Christus für uns heute?«: ebd., 278–288.
48 Ebd., 279.
49 Siehe Abschnitt 2. Zur kritischen Auseinandersetzung mit dem Ansatz von Schwöbel, die es auch hier stets zu reflektieren gilt, siehe: Danz, Jesus von Nazareth, 74–89. Danz erkennt auch in dem religionstheologischen Ansatz Schwöbels eine durch trinitätstheologische Vorannahmen begründete »perspektivische Konzeption«, die »eine Anerkennung des Judentums als eigenständige und von der christlichen unabhängige Religion« letztlich verhindert (ebd., 84).

Christoph Schwöbel stellt fest:

> Indem sich christliche Theologie und jüdische Jesusforschung auf Jesus beziehen, beziehen sie sich immer auch auf den Gott, auf den sich Jesus in seinem Leben und Sterben bezog. Liegt in diesem Verweis, dass es bei der Beschäftigung mit Jesus in der jüdischen Jesusforschung wie in der Christologie immer indirekt und direkt um Gott geht, die Befreiung von den Identitätsbemühungen und Zukunftsaussichten der je eigenen Religion? Kann der Bezug zu Gott die Ausgrenzungsstrategien und Vereinnahmungsbestrebungen, die das Verhältnis des Christentums zum Judentum bestimmten, kritisch relativieren und theologisch in Frage stellen? Es ist der theologische Sinn der historischen Rückfrage, die zum Kernbestand christologischer Reflexion gehört. Das ist die Chance und die Aufgabe, die in der Frage ›Wer ist Jesus Christus für uns heute?‹ enthalten ist.[50]

4 Christologie im Kontext des jüdisch-christlichen Dialogs: Herausforderungen und Chancen

Laut Christoph Schwöbel liegen die Chancen der Neuausrichtung des jüdisch-christlichen Dialogs und des gegenwärtigen Gesprächs zwischen jüdischer Jesusforschung und christologischem Nachdenken aus christlich-theologischer Perspektive, das nicht von Abgrenzung und Vereinnahmung geprägt ist, nicht primär in einem allgemeinen und die jeweils andere Religion begründenden Dialog der Religionen, sondern in einem Gespräch über die jeweils in der jüdischen und in der christlichen Religion (im Glauben) konkret vollzogenen, relationalen Bezugnahme auf Gott (Gottesbeziehung) und in der unterschiedlichen Bezugnahme und Reflexion bezüglich der Gestalt Jesus.[51] »Die Einsicht in die Relativität der eigenen Religion ist [dabei] ein Implikat des absoluten Vertrauens auf Gott.«[52]

---

[50] Schwöbel, Jüdische Jesusforschung und die Aufgabe der Christologie, 287-288.

[51] Christian Danz kritisiert in diesem Zusammenhang, dass Schwöbel durch seinen bewusst perspektivisch entfalteten religionstheologischen Ansatz und der Voraussetzung eines christlich geprägten, trinitarischen Bildes des sich selbst erschließenden Gottes die »Aporien des Inklusivismus« (Danz, Jesus von Nazareth, 83) nicht zu überwinden vermag.

[52] Schwöbel, Jüdische Jesusforschung und die Aufgabe der Christologie, 276. Vgl. zu den vielfältigen Dimensionen des interreligiösen Dialogs etwa: Feldtkeller, Andreas Interreligiöser Dialog und Pluralistische Religionstheologie - ein Traumpaar?, in: Ökumenische Rundschau 49 (2000), 273-285.

Mit Schwöbel lassen sich die folgenden Grundbedingungen für einen jüdisch-christlichen Dialog in dieser Form und Ausrichtung benennen:[53]

1. *Die Anerkennung der Autonomie des Anderen*
   »Dialog ist eine Begegnung mit dem anderen.«[54] Die an einem solchen Gespräch beteiligten Personen erkennen sich gegenseitig das Anderssein an und haben jeweils das Recht, ihre eigene Position selbst zu definieren sowie die Position des Gesprächspartners oder der Gesprächspartnerin aus der eigenen Perspektive unter stetiger selbstkritischer Prüfung zu interpretieren. Unterschiedliche Voraussetzung, Erwartungen und Ziele können das Gespräch prägen.
2. *Die Interdependenz der Beteiligten*
   Wechselseitige Beziehungen und das gemeinsame Interesse an der Auseinandersetzung mit dieser Beziehung sind eine weitere Bedingung des Dialogs.[55] Der unterschiedliche Bezug auf den historischen Jesus von Nazareth liegt sowohl der jüdischen Jesusforschung als auch der christlich geprägten Betrachtung des historischen Jesus und der damit zusammenhängenden Suche nach dem Verständnis von Jesus als dem Christus zugrunde.
3. *Die Suche nach einem gemeinsamen ›Medium der Verständigung‹*[56]
   Die jeweiligen Positionen der am Gespräch Beteiligten müssen durch die beständige gemeinsame Erarbeitung eines Sprach- und Kommunikationsmediums »dem jeweils anderen verständlich gemacht werden können, [es müssen] Gemeinsamkeiten entdeckt und Unterschiede und Spannungen ausgehalten und ertragen werden können.«[57]. »Für Christentum und Judentum gibt es keine von vornherein gegebene *lingua franca*, kein die eigenen Traditionen transzendierendes Verständigungsmedium. Vielmehr kann ein Medium der Verständigung nur langsam geschaffen und entdeckt werden, in der gegenseitigen Übersetzung und Erklärung der einen Tradition für die andere. Eine Basis für dieses gegenseitige Dolmetschen zwischen den Traditionen ist die

---

[53] Schwöbel, Das Christusbekenntnis im Kontext, 315–319.
[54] Ebd., 315.
[55] Vgl. ebd., 316.
[56] Ebd., 316 (Hervorhebung: SvT).
[57] Ebd.

gemeinsame, aber je unterschiedliche Beziehung auf die Hebräische Bibel in ihren beiden unterschiedlichen Auslegungsgeschichten.«[58]

Neben den genannten Bedingungen spielt für den konkreten Dialog der »Lebenskontext«[59], in dem ein solcher Dialog geführt wird, eine grundlegende Rolle. Die Kontexte des jüdisch-christlichen Dialogs sind vielfältig und komplex und stehen in einem vielschichten Zusammenhang. Die jeweilige Religionsgeschichte, die Geschichte und Gegenwart des Antijudaismus und des Antisemitismus, die Katastrophe der Entrechtung, Verfolgung und Vernichtung jüdischer Menschen im Dritten Reich und die komplexen internationalen politischen und religiösen Kontexte und Konflikte der Gegenwart gehören zu den vielfältigen Lebenskontexten, die das Verhältnis von Judentum und Christum prägen.[60]

Die jüdische Jesusforschung führt die christliche Theologie von Neuem zu der grundlegenden christologischen Frage »Wer ist Jesus Christus für uns heute?«[61] Das Bekenntnis zu Jesus als dem Christus ist aus christlicher Perspektive »die Grundlage des Verhältnisses zwischen Christentum und Judentum (...) und zugleich das, was Christentum und Judentum in diesem Verhältnis am deutlichsten unterscheidet.«[62] Für Schwöbel liegt hier die bleibende und stets zu reflektierende Dialektik des Verhältnisses zwischen Judentum und Christentum begründet: »Das, was uns verbindet, ist das, was uns unterscheidet.«[63] In dieser Dialektik ist aus christlicher Perspektive christologische Rede in stetiger selbstkritischer Prüfung zu formulieren, die sich »jenseits von Ausgrenzung und Vereinnahmung des Judentums bewegt.«[64]

Die Frage »Wer ist Jesus Christus für uns heute?«, deren Antwort nach Schwöbel letztlich von Gott selbst zu erschließen ist, eröffnet aus christlicher Perspektive somit einen jüdisch-christlichen Diskussionsraum, den es auf Augenhöhe zu gestalten gilt. »Sich von Angesicht zu Angesicht über den Juden Jesus, seine Sicht im gegenwärtigen Judentum in der Vielfalt

---

58 Ebd.
59 Ebd., 317.
60 Vgl. ebd.
61 Vgl. Ders., Jüdische Jesusforschung und die Aufgabe der Christologie, 289.
62 Ders., Das Christusbekenntnis im Kontext, 317.
63 Ebd.
64 Ders., Jüdische Jesusforschung und die Aufgabe der Christologie, 288. Vgl. ebenfalls: Danz, Jesus zwischen Judentum und Christentum, 155.

seiner Ausprägungen und seine Bedeutung für die Christologie zu verständigen, ist eine in Anbetracht des durch christlichen Antijudaismus in der Geschichte belasteten Verhältnisses von Christentum und Judentum erstaunliche Chance.«[65]

Christoph Schwöbel schließt seine Überlegungen mit dem folgenden Ausblick:

> Ob aus diesem Gespräch auch ein Miteinander werden kann, wird sich darin zeigen, ob aus dem Gespräch von Angesicht zu Angesicht ein Engagement Seite an Seite werden kann, im Einsatz für die Würde des Menschen und die Freiheit der Auseinandersetzung, die die Beschäftigung mit Jesus – aus jüdischer wie aus christlicher und muslimischer Perspektive – zu einer praktischen Aufgabe macht. Die Ausrichtung auf das Reich Gottes, das Jesus verkündete und praktizierte, macht das *tikkun olam*, die Arbeit an der Reparatur der Welt, zu einem unabweisbaren Auftrag.[66]

---

[65] Schwöbel, Jüdische Jesusforschung und die Aufgabe der Christologie, 289.
[66] Ebd., 289–290.

»Die Entdeckung des Menschen als des Mitmenschen«
Erste Schritte auf dem Weg zur Lektüre
von Hermann Cohen: Religion der Vernunft
aus den Quellen des Judentums.[1]

Christof Voigt

Das Thema Judentum und Christentum wird vielfach behandelt unter religionswissenschaftlichen, historischen oder theologischen Aspekten. Unvermeidlich ist dabei ein Debattenhorizont, der vom (auch christlich induzierten) Antisemitismus, ja von der Shoah gesetzt wird. Im Wintersemester 2023/24, in dem das Interdisziplinäre Seminar zum Thema »Judentum und Christentum« stattfand, konnte nicht abgesehen werden von der unsäglichen Attacke der Hamas auf Menschen in Israel am 7. Oktober 2023 und von den in der Folge von Israel geführten zerstörerischen Schlägen auf den Gaza-Streifen.

Hermann Cohen (1842–1918), ein an Kant sich orientierender Philosoph um die Wende vom 19. zum 20. Jahrhundert, hat sich publizistisch klar mit antisemitischen Vorgängen seiner Zeit auseinandergesetzt (Dreyfus um 1894, Treitschke um 1879) und darauf mit einer festeren persönlichen Bindung an das Judentum reagiert. In seinem ein Jahr nach seinem Tod (1919) in erster Auflage veröffentlichten Werk »«(Die) Religion der Vernunft aus den Quellen des Judentums. Eine jüdische Religionsphilosophie« will er mit dem Material jüdischer Quellen und einem an Kant geschulten Denken die Begriffe Religion und Vernunft philoso-

---

[1] Cohen, Hermann, Religion der Vernunft aus den Quellen des Judentums. Eine jüdische Religionsphilosophie, Wiesbaden 2008. Mit einer Einführung von Ulrich Oelschläger und den Geleitworten von Martha Cohen zur ersten Auflage 1919 und zur zweiten Auflage 1929 (beide postum). Dieser Aufsatz bezieht sich insbesondere auf Kap. VIII.

phisch zusammendenken und stellt sich damit in eine Reihe mit dem mittelalterlichen Universalgelehrten Moses Maimonides (1135-1204) und dem Aufklärer Moses Mendelssohn (1729-1786), aber auch mit dem hellenistischen Juden Philo von Alexandria (um die Zeitenwende) und dem rationalistischen Religionskritiker Baruch de Spinoza (1632-1677) und anderen mehr, auf die er in seinem umfangreichen Werk von knapp 600 Seiten Bezug nimmt.

In der evangelischen Theologie der 1920-er Jahre wird die Lektüre dieses Werkes empfohlen. In ihrem Geleitwort zitiert Martha Cohen, die Frau Hermann Cohens, einen bedeutenden Theologen mit den öffentlich gesprochenen Worten: »Ein jeder Theologe sollte dieses Buch lesen, ja verschlingen; etwas Schöneres und Tieferes ist noch nie über Demut und Treue gesagt worden«

Eingang gefunden hat das Werk Cohens in die Gedanken seines Schülers Ernst Cassirer (1874-1945) und seiner Leser Martin Buber (1878-1965), des Verfassers der Dialogphilosophie »Ich und Du« (1923), und Emmanuel Levinas (1906-1995), der den Menschen vom Anderen her bestimmt sieht.

Hermann Cohen ist 1842 in Coswig geboren. Seine Frau Martha Cohen weist in ihrem Geleitwort darauf hin, dass Coswig zwischen der Lutherstadt Wittenberg und dem Geburtsort Moses Mendelssohns, Dessau, liegt und platziert ihren Mann damit bewusst zwischen der jüdischen Aufklärung des 18. Jahrhunderts und der reformatorischen Theologie, die sie als Gesprächspartnerin zur Milderung von Gegensätzen gewinnen will.

Hermann Cohen hatte von 1876 bis 1912 eine Professur für Philosophie in Marburg inne und gilt damit als erster jüdischer Professor in Deutschland – so wie sein Schüler Ernst Cassirer der erste jüdische Rektor einer Universität werden sollte, nämlich in Hamburg (1929).

Cohen hat sich in seinen frühen Schriften einer Neuinterpretation der Philosophie Kants gewidmet und gilt als Begründer der Schule des Neukantianismus. Der Neukantianismus sucht zwischen idealistischen Positionen (Hegel) und ihren Gegenbewegungen einen Weg zurück zu Kant, deutet diesen aber streng mathematisch und wissenschaftstheoretisch. Dennoch bleibt der Neukantianismus in Marburg ethisch ausgerichtet. Cohen entwickelt die kantische Philosophie in allen ihren Disziplinen selbständig weiter.

Nach seiner Emeritierung in Marburg im Jahr 1912 ist er als jüdischer Lehrer nach Berlin gegangen und während der Schlussredaktion an der »Religion der Vernunft...« 1918 verstorben. Dieses Werk ist – wie andere auch – postum publiziert worden, 1919 in erster und 1929 in veränderter zweiter Auflage.

In der ersten Auflage (1919) lautete der Titel »Die Religion der Vernunft ...«, in der zweiten (1929) verschwand der bestimmte Artikel und es hieß »Religion der Vernunft ...«. Das gab dem Begriff »Religion« eine höhere Allgemeinheit und akzentuierte die Zusammenhänge mit den »Quellen des Judentums«.

Ursprünglich gab es auf dem Buchrücken den Vermerk »Grundriss der Gesamtwissenschaft des Judentums«. Unter Mitwirkung von Hermann Cohen und dem Rabbiner Leopold Lucas war 1902 in Berlin die Gesellschaft zur Förderung der Wissenschaft des Judentums gegründet worden. Der »Grundriss der Gesamtwissenschaft des Judentums« sollte das Judentum in geplanten ca. 40 Bänden umfassend darstellen. Cohens Buch wurde als achter Band in der Reihe publiziert, zu deren Vollendung es nie kam.

Um den Titel des Werkes und die Disposition der Aufgabe zu erläutern, setzt Cohen in seinem Werk an den Beginn eine Feststellung über Wissenschaft: Was eine Wissenschaft sei, könne nur ihr Inhalt angeben. Wie aber kann man überhaupt wissen, was der Inhalt dieser gesuchten Wissenschaft ist? Man bräuchte ja bereits die Kenntnis des Inhaltes, um den Inhalt einer Wissenschaft ermitteln zu können.

Da es nur *eine* Mathematik gibt, aber *viele* Religionen, scheint ein Zugang aus der Geschichte nahezuliegen. Aber auch dem Zugang aus der Geschichte stellt sich das Problem des sachlichen Inhaltes entgegen.

Schon in diesen ersten Überlegungen erweist sich Cohen als ein Schüler Kants, der die Risiken des Verfahrens der Induktion durchschaut und einen anderen Ansatz bevorzugt. Es ist die Vernunft, die die Religion von den Beschreibungen der Religionsgeschichte unabhängig machen soll. Der Begriff der Vernunft soll erst den Begriff der Religion erzeugen. Denn der Begriff ist nicht das Fazit einer Entwicklung, sondern ihr Vorbild, ihre Vorzeichnung.

Ganz ähnlich, aber weniger scharf liegt die Sache auch bei dem Begriff des Judentums. Das hat zwar literarische Quellen, aus ihnen kann jedoch kein einheitlicher Begriff desselben gewonnen werden. Also ist auch hier der Begriff, in diesem Fall der des Judentums, den historischen Quellen vorwegzunehmen. Die eine Quelle vor allen anderen ist die Vernunft.

Diese Vorüberlegungen zusammenfassend beschreibt Cohen sein Projekt: »Der Begriff der Religion soll durch die Religion der Vernunft zur

Entdeckung gebracht werden. Und die Quellen des Judentums sollen als das Material aufgezeigt und nachgewiesen werden, in dessen geschichtlicher Selbsterzeugung die problematische Vernunft, die problematische Religion der Vernunft sich erzeugen und bewahrheiten soll.« (S. 33)[2]

Im Titel des Werkes erscheint die Religion bzw. die Religion der Vernunft. Als Ausgangspunkt nimmt Cohen aber tatsächlich die Vernunft, mit der die Religion in eine notwendige Beziehung gesetzt wird. Mit anderen Worten: Die Frage nach der Religion wird zum Gegenstand der allgemeinen Philosophie. Daran ist kein Anstoß zu nehmen, denn dies erachtet Cohen als den methodischen Weg der Wissenschaft.

Für den Kantianer Cohen ist die Vernunft die Quelle der Begriffe, der Felsen, aus dem der Begriff entspringt. Und die Wissenschaft der Vernunft ist die Philosophie.

Dieser pointiert einseitige Ansatz lässt letztlich eine große Fülle an Themen zu. Die Philosophie, die Cohen hier entwickelt, wird sich als Judentum erweisen und das Judentum, wie Cohen es beschreibt, als Philosophie.

Mit diesem apriorischen Ansatz aus der Vernunft werden die Ansprüche der Sinnlichkeit (des Tieres am Menschen), von Lust und Unlust, des Materialismus, aber auch einer geschichtlichen Natürlichkeit und der sozialen Zufälligkeiten abgewiesen. Was gewinnt der strenge Neukantianer Cohen damit? »Die Religion der Vernunft macht die Religion zu einer allgemeinen Funktion des menschlichen Bewusstseins.« Religion ist damit in dem Sinne allgemein, dass sie nicht einem einzelnen Volk gehört, sondern alles Menschliche in allen Völkern prägt.

Den Einwand, dieser Ansatz sei nicht wirklich mit den Quellen des Judentums zusammenzubringen, weist Cohen ab, indem er diese Quellen zur Urquelle für die Religion der Vernunft erklärt. Er verzichtet also in den Anfangsbestimmungen auf einschränkende, eingrenzende historische Bestimmungen des Judentums.

Nach dem philosophischen Begriff der Vernunft nimmt sich Cohen nun den Begriff der Religion vor, und zwar sowohl dem Begriffsinhalt (der Intension) als auch dem Begriffsumfang (der Extension) nach. Für Umfang wie Inhalt des Begriffs gilt: Religion hat es mit dem Menschen zu tun. Mit der Verbindung von Religion und Vernunft ist unter dieser

---

[2] Zahlreiche Wortfügungen des folgenden Textes sind angeregt durch das enge Lesen des Cohenschen Werkes, insbesondere der Abschnitte über Vernunft, Religionen und die Quellen des Judentums (S. 29–66).

Voraussetzung festgestellt, dass alle Fragen des Menschen zu Fragen der Religion werden.

Cohen steigt damit in eine Diskussion ein, die die philosophischen Disziplinen betrifft und die an vielen Stellen des Werkes ihre Rolle spielt. Sie geht von der Frage aus, ob es neben der Ethik, die ja alle Angelegenheiten des Menschen verwaltet, einen Platz für die Erkenntnisweise der Religion gebe. Läge alles Menschliche im Felde der Ethik, so bliebe für die Religion kein Platz. Würde die Religion in das Feld der Ethik fallen, wäre entweder ihre Selbstständigkeit bedroht oder der Begriff der Ethik liefe Gefahr, zweideutig zu werden.

Ist diese Überlegung nicht zu weit vom Gegenstand der Religion – noch dazu aus den Quellen des Judentums – entfernt und allzu abstrakt? Jedenfalls ist unschwer zu sehen, dass Cohen wiederum an Kant anschließt, für den die Religion mit der Ethik im Grunde abgehandelt ist (Religion als Wurmfortsatz der Ethik). Immerhin gibt es auch bei Kant im Rahmen der Ethik ein ganz eigenes Feld für die Religion. Für Cohen sind es am Ende die Fragen nach Menschheit (im Sinne des Menschen als Menschen) und Individualität, die die Ethik über ihre Grenzen bringen. Es ist zwar die Ethik, die das Ich des Menschen seiner Individualität entreißt und in der das Ich des Menschen zum Ich der Menschheit wird, aber es bedarf noch einer anderen Vermittlung als allein der ethischen zwischen Ich und Menschheit: Neben dem Ich findet sich ein Es, das Ding; daneben aber auch ein Er bzw. eine Sie, die etwas anderes sind als nur ein weiteres Beispiel vom Ich und nicht schon mit dem Ich mitgegeben; noch vor Er und Sie ist zu nennen das Du, das eigens entdeckt werden will und das wie Er und Sie keinesfalls nur ein weiterer Fall des Ich ist. Cohen kommt zu dem Gedanken, dass erst die Entdeckung des Du mich zum Bewusstsein meines Ich bringt.

Cohen sieht die Leistung der Ethik darin, die Menschen in ihrer Menschheit verstehen und Fragen im Blick auf alle Menschen erörtern zu können (Stichwort Universalisierbarkeit), sieht sie aber als überfordert an, wenn es darum geht, einen Menschen nicht als Exemplar einer Allgemeinheit zu nehmen, sondern ihn vornehmlich und ausdrücklich als Du anzusprechen, den Wert und die Auszeichnung dieser Anrede zu ermessen. Diese Aufgabe – so Cohen – leistet die Religion, und es ist dann der Anteil zu bestimmen, den die Religion an der Vernunft hat (ohne dass dabei die Ethik eingeschränkt wird). Vor der Anrede des Du versagt die sonst leistungsfähige Ethik. Denn dieses Du bringt eine neue Dimension in den Begriff des Menschen.

Was ist das Besondere des Du? Es ist die Persönlichkeit, die durch das Du anders und mehr als durch Er oder Sie an den Tag kommt. Er und Sie rücken in die Nähe des Es (in die Nähe der dritten Person). Es mag sogar sein, dass die Ethik mein Ich wie ein Er, Sie oder Es behandelt, neutral und objektiv. Dabei sollte auch das eigene Ich mit der Qualität des Du angesehen werden.

Gegen das historische Beispiel des indifferenten Leidens im Sinne der Stoa fragt Cohen, ob nicht gerade durch die Beachtung des Leidens bei dem Anderen dieser Andere aus dem Er in das Du sich verwandelt. Damit träte die Eigenart der Religion in Kraft. En passant äußert sich Cohen auch zur Frage des Leidens im Sinne der Theodizee, nämlich der Frage: Wozu ist physisches Leid in der Welt? Und er antwortet: Das Leiden ist wegen des Mitleids vorhanden, woraus er wiederum den Vorrang der Ethik vor der Metaphysik gewinnt.

Cohen hatte mit dem Begriff der Vernunft gewissermaßen aus dem Nichts begonnen (apriori), diesen um einen rationalen Begriff von Religion erweitert, um nun unversehens zu einem Du zu kommen, das gerade in seinem Leiden zu einem Du für mich wird und darin Religion unverzichtbar macht: Mit dem Leiden des Anderen, das ich zum Fragezeichen mache für meine gesamte Orientierung in der Welt, ist ein Grenzpunkt erreicht, an dem Religion entsteht, jene Religion, die in der Selbsterkenntnis des Menschen am Du ihren tiefsten Grund hat. Ich entdecke mich am Du, am Leiden des Du.

Schließlich stellt sich die Frage, ob Gott in der Ethik oder in einem selbstständigen Bereich von Religion zu betrachten ist. Cohen gibt eine differenzierende Antwort. Die Ethik hat Gott integriert (die Härte dieses Satzes ist gewollt), denn insofern der Mensch Menschheit bedeutet, gibt Gott den Abschluss der Lehre von der Menschheit. Aber das ethische, pflichtgemäße Streben genügt eben nicht, wenn es darum geht, dass das Ideal, das Ziel der Ethik auch Leben und Wirklichkeit hat. Hier liegt der Eigenwert von Religion: Der Gott, den die Religion lehrt, bedeutet nichts anderes als die Aufhebung des Vorurteils des ethischen Selbstgenügens. Dieser starke Satz bleibt erstaunlicherweise in der inhaltlichen Bestimmung Gottes ganz schwach und bestimmt ihn als die Aufhebung eines Vorurteils. Cohen wendet den Satz aber auch positiv: Gott kann nur als Schöpfer des Vollkommenen, nämlich des Friedens gedacht werden. Der Name »Messias« (der Gipfel des Monotheismus) bedeutet, dass das Unrecht aufhören werde, also die Herrschaft des Guten auf Erden. Noch einmal andersherum: Der ethische Gott, der aus dem Monotheismus in die Ethik verpflanzt worden ist, ist noch nicht der eigentliche Gott der Religion.

Religion gewinnt neben der Ethik einen Eigenwert. Am Menschen, der als ein Du erscheint, wird ein Ich zum Ich. Das geschieht insbesondere am Leiden des Anderen. Weil nun das herausragende Symbol des menschlichen Leidens das soziale Elend ist, die politische Ungerechtigkeit des armen Menschen, wird Gott zum Gott der Armen.

Cohen wendet sich abschließend den Quellen des Judentums zu. Er hätte nicht mit dem Judentum beginnen können, denn die Aufgabe liegt ja darin, dieses als Religion der Vernunft nachzuweisen.

Zugang zum Judentum geben die literarischen Quellen, die sich durch ihre Ursprünglichkeit auszeichnen und als Nationalliteratur erweisen. Ihre Ursprünglichkeit wurzele in der Idee des einzigen Gottes: »YHWH ist einzig« und das »Höre Israel (Sch^{e}ma^c)« ergänzen einander.

Den Zusammenhang zu den Überlegungen zum Begriff der Religion stellt Cohen über das Deuteronomium her, das vielfach von Satzungen und Rechten spricht und das damit eine Brücke zwischen Religion und ethischer Praxis baut, die für das Judentum bestimmend bleibt und deshalb auch in seinen literarischen Quellen erscheint. Die Religion erzeugt also sittliche Verfassungsformen und eröffnet damit einen Weg zur Sozialpolitik.

Cohen bezieht nun weitere Schriften des Alten Testaments ein und bringt sie in einen inneren Zusammenhang. Vom Deuteronomium ausgehend kommt er zunächst zum Pentateuch (wie er sagt), dann zum Prophetismus, den er für den geistigen Mittelpunkt des jüdischen Schaffens hält (mit seiner Ungeschiedenheit von Religion und Politik). Aus der Prophetie wachsen die Psalmen und dann die Spruchdichtungen hervor (Kohelet, das Hohelied, Hiob). Nebenbei lässt Cohen Vergleiche zu frühgriechischen Dichtungen (Solon, Pindar, u. a.) einfließen.

Zugleich mit der schriftlichen Lehre im Judentum entsteht die für Cohens Zusammenhänge nicht minder wichtige mündliche Lehre, die nicht abgeschlossen ist und sich unaufhörlich erweitert: Cohen nennt Talmud (in den zwei Gestalten) und Midrasch, Halacha und Haggada.

Mit all dem sind die Quellen des Judentums aber keineswegs erschöpft, denn dies nimmt auch Einflüsse aus der Berührung mit anderen Völkern auf, auch aus der griechischen Philosophie. Als eine außergewöhnliche Grenzbegegnung von Religion und Philosophie betrachtet Cohen den (oben schon erwähnten) Moses Maimonides, der mit seinen Vorgängern und Nachfolgern eine echte und ergiebige Quelle des lebendigen Judentums darstellt. Vergleichbares gilt von der Poesie, wie sie ein Jehuda Halewi oder ein Salomo Ibn Gabirol im 11. Jh. in Andalusien ins Werk gesetzt haben.

Cohen entwickelt einen weiten Begriff vom Judentum, das sich zugleich durch die Einheitlichkeit seiner Literatur und durch die Offenheit für vielerlei Einflüsse ausdrückt.

Am Ende kommt Cohen zurück auf die Einzigkeit Gottes, aus der der unauflösliche Zusammenhang von Religion und Ethik folgt. Die Religion ist selbst Sittenlehre, oder sie ist nicht Religion. Und über die Untrennbarkeit mit der Sittenlehre wird der Zusammenhang zur Religion der Vernunft hergestellt. Auch andere monotheistische Religionen haben teil an der Religion der Vernunft, Cohen sieht aber den Vorzug des Judentums in seiner Ursprünglichkeit.

Ausgehend von diesen Grundüberlegungen entwickelt Cohen die Entdeckung des Menschen als des Mitmenschen, des Bruders, der Schwester (Kapitel VIII) und der Nächstenliebe, die über alles Ethische hinaus aus einer schöpferischen Beziehung erwächst zu dem souveränen, einzigen Gott.

Predigt des Ersten Testaments: Aktuelles, Grundsätzliches und Praktisches[1]

Maximilian Bühler

Im Westen nichts Neues ausser Scheinproblemen? Warum überhaupt etwas zur Predigt des Ersten Testaments schreiben?

Vor kurzem stieß ich im Gespräch mit einer Pastorin der Evangelischmethodistischen Kirche eher zufällig auf die Perikopenrevision.[2] Sie bemerkte, dass es eine neue Herausforderung sei, mit der gestiegenen Anzahl alttestamentlicher Texte seit der Perikopenrevision umzugehen. Sie habe das sehr konkret am Beispiel Christvesper erlebt, zu der sie vor kurzem eine Prüfungspredigt vorliegen gehabt habe. Anlässlich Weihnachten, wo der *Kasus* in Christi Geburt zentriert sei, könne man eben nicht einfach den alttestamentlichen Text predigen. Vielmehr müsse es doch gelingen, einen Bezug zwischen dem alttestamentlichen Text (der von Christi Geburt noch nicht weiß) zu dem neutestamentlichen Kerygma von Gottes Menschwerdung herzustellen. Ein vergleichender Blick in die alte und neue Perikopenordnung (vgl. Tabelle 1) zeigt schnell, dass das Proprium mit der neuen Revision tatsächlich beträchtlich verschoben wurde. Statt vormals eines finden sich nun vier prophetische Texte aus

---

[1] Ich danke stud.-theol. Juliane Dippon, die einen kleinen Abschnitt zum Aufsatz beigetragen hat.
[2] Die landeskirchliche Perikopenordnung (OPT) ist auch in der EmK in Deutschland sehr verbreitet. Mehr als 30 % gaben in einer Umfrage 2014 an, darauf in der Leseordnung zurückzugreifen. Im Blick auf die Auswahl des Predigttextes dürften die Zahlen noch höher sein; nicht zuletzt aufgrund der guten Ressourcenlage an Predigtstudien, Exegese für die Predigt o.ä.

Tabelle 1

	Ordnung (1978)	revidierte Ordnung (2018)
I	Lk 2,1-20	Jes 9,1-6
II	Tit 2,11-14	Ez 37,24-28
III	Joh 3,16-21	Jes 11,1-10
IV	Jes 9,1-6	Mi 5,1-4a
V	Joh 7,28f	Lk 2,1-20
VI	1Tim 3,16	Gal 4,4-7

dem Ersten Testament, die teils sogar bundestheologisch-eschatologisch akzentuiert, mit starkem Israelbezug versehen (Ez 37,24 ff.) und nicht messianisch formuliert sind (wie die drei anderen alttestamentlichen Stellen). Die christologisch akzentuierten neutestamentlichen Texte, die das Erscheinen Gottes in Christus als Ereignis der Gnade thematisieren, wurden dagegen herausgenommen (Joh 3,16 ff.; Tit 2,11 ff.; 1Tim 3,16). Die Auswirkungen auf den intertextuellen Resonanzraum, der durch das revidierte Proprium an Weihnachten entsteht, sind beträchtlich und erfordern von den Prediger:innen sowohl ein reflektiertes gegenwartsbezogenes Verstehen der Texte (hermeneutische Aufgabe) wie eine entsprechende predigtpraktische Umsetzung (homiletische Aufgabe). Kann an die Stelle, wo vom »Reis Israels« die Rede ist, einfach Jesus eingesetzt werden (Jes 11,1)? Oder wenn Israel angekündigt wird, wieder im »Lande des Jakobs« zu wohnen und ein Bund des Friedens geschlossen wird; können wir uns Christen so ohne Weiteres an diese Stelle Israels setzen? Und (wie) kann und muss in der Predigt thematisiert werden, dass diese Identifikation im Kontext christlich-jüdischer Koexistenz geschieht?[3] Das Aufwerfen dieser Fragen bedeutet mitnichten eine prinzipielle Ablehnung (hermeneutisch plausibler) christologischer Lesarten. Die Fragen zeigen aber an, dass die Predigt alttestamentlicher Texte nicht einfach der Predigt neutestamentlicher Texte gleichgestellt werden kann.[4]

---

[3] Vgl. zur Problematik der Identifikation Deeg, Alexander, (Art.) Christliche Predigt des Alten Testaments, in: WiBiLex (2017). URL: https://bibelwissenschaft.de/stichwort/15225/ (Stand: 06.02.2024).

[4] Die Hebräische Bibel ist schlicht in zwei Auslegungsgemeinschaften verortet, die sich historisch als zwei unterschiedliche Religionen herausgebildet haben (vgl. ders., »Auch für dich« und das »messianische Heute«, in: Gertz, Jan C./Witte, Markus (Hrsg.), Hermeneutik des Alten Testaments (VWGTh 47), Leipzig 2017, 166-187, hier 166f).

(K)ein Problem? Dass diese Veränderung der Perikopenordnung indes ein Problem darstellen soll, ist nicht so unmittelbar evident, wie es auf den ersten Blick scheint. Denn während die Predigt des Alten Testaments als homiletische und hermeneutische Problemstellung im wissenschaftlichen Diskurs auf Dauer gestellt ist,[5] scheinen Praktiker:innen mit der Predigt von Texten aus dem Ersten Testament keine besonderen Schwierigkeiten zu haben. Vielmehr zeigt die Studie von G. Pickel und W. Ratzmann, die im Rahmen der Perikopenrevision durchgeführt wurde, dass unter professionellen Akteur:innen ein Wunsch nach mehr alttestamentlichen Texten und den im Ersten Testament besonders verbreiteten Gattungen wie Hymnen, Psalmen sowie Weisheitstexten besteht. Episteltexte dagegen seien stark überrepräsentiert. Zudem bildet sich in der Zustimmung zum Perikopenmodell der Konferenz Landeskirchlicher Arbeitskreise Christen und Juden (KLAK; vgl. perikopenmodell.de) der Wunsch nach einer deutlichen Erweiterung der alttestamentlichen Textbasis ab.[6] Dieser Befund ist Symptom einer Spannung zwischen der wissenschaftlichen Exegese und akademisch-homiletischen

---

Deshalb lässt sich die Auslegung auch nur unter bestimmten Bedingungen und unter der Perspektive strukturanaloger Exegese gleichstellen (gegen eine Tendenz bei Gräb, die Predigt des Alten Testaments« nicht mehr als »homiletisches Spezialproblem« anzusehen; vgl. Gräb, Wilhelm, Predigtlehre. Über religiöse Rede, Göttingen 2013, 100-102, Zitat 100). Dies ist m. E. nur unter der Bedingung möglich, dass man bestimmte Kommunikationskonstellationen (möglicherweise berechtigt) ausklammert.

[5] Ein guter Indikator sind in solch einer Situation die homiletischen Lehrbücher (jüngst zusammengetragen bei Greifenstein, Johannes, Vom Text zur Predigt. Ein Beitrag zur Praxistheorie homiletischer Bibelauslegung (PThGG 34), Tübingen 2021, 80-90, der zudem auch aus forschungsgeschichtlicher Sicht zeigt, dass dieser Diskurs schon lange anhält). Die Debatte, die der Berliner Systematische Theologie Notger Slenczka ausgelöst hat (vgl. unter 2.) hat die Dichte an Publikationen nochmals steigen lassen, auch wenn die Dynamik der Debatte zuletzt abgenommen hat. Vgl. die beiden wichtigen Beiträge jüngeren Datums Hartenstein, Friedhelm, Zur Predigt alttestamentlicher Texte in der Spannung zwischen Kulturhermeneutik und Christologie, in: Greifenstein, Johannes (Hrsg.), Predigt als Bibelauslegung. Praktische Hermeneutik in interdisziplinären Perspektiven (PThGG 37), Tübingen 2022, 113-132; Probst, Hans-Ulrich, Die Perikopenrevision als Ausgangspunkt zur Reflexion des jüdisch-christlichen Verhältnisses?, in: PTh 112 (2023) 9, 352-376.

[6] Pickel, Gert u. Ratzmann, Wolfgang, Gesagt wird – eine empirische Studie zur Rezeption der gottesdienstlichen Lesungen, in: Kirchenamt der EKD/Amt der UEK/Amt der VELKD (Hrsg.), Auf dem Weg zur Perikopenrevision. Dokumentation einer wissenschaftlichen Fachtagung, Hannover 2010, 95-109, hier 103-104.

Reflexion auf der einen und der »pragmatischen Berufshermeneutik« der Praktiker:innen auf der anderen Seite. Während dort die kleinteilige Auseinanderlegung der hermeneutischen, normativen und homiletischen Problemfacetten dominiert, dominiert hier eine selbstverständlich-intuitive christliche Predigt des Ersten Testaments. Man wird deshalb nicht gleich so weit gehen müssen wie der Alttestamentler Manfred Oeming, eine »Krise« zwischen wissenschaftlicher Theologie und Predigtarbeit zu diagnostizieren.[7] Auch die pauschale Problematisierung der Predigt des ganzen Alten Testaments hilft in dieser Generalisierung nicht weiter. Allerdings wird diese Spannung im Einzelfall[8] zum Problem, wenn der Transfer hermeneutisch-homiletischer Grundprinzipien in die Praxis nicht mehr gelingt und sich damit subtil in der Alltagsroutine von Prediger:innen ein Un-Bewusstsein für die oben aufgeworfene Problematik einstellt. Oder positiv formuliert: Es muss durch einen praxisbezogenen und praxisrelevanten wissenschaftlichen Diskurs stets neu angeregt werden, dass Praktiker:innen ihre hermeneutisch-homiletischen Prinzipien in ihrer Predigtarbeit an alttestamentlichen Texten schärfen sowie ihre Praxis reflektieren können – und vice versa.

Im Westen was Neues? Die Diskussion um die verantwortungsvolle Predigt von Texten aus dem Ersten Testament muss unter neuen Vorzeichen neu geführt werden. 1. Durch die jüngsten Terrorangriffe der Hamas sowie die militärische Reaktion Israels ist die Stellung zum Staat Israel und mittelbar zum Judentum in verstärkter Weise polarisierender Gegenstand intensiver Debatten bis hin zur Aufwärmung antisemitischer Ressentiments. 2. Die Stärkung rechtsnationaler Bewegungen in Deutschland hat darüber hinaus zu einer Revitalisierung antisemitischer Tropen geführt (z.B. vom globalen Finanzjudentum o.ä.).[9] 3. Nachdem die

---

7 Oeming, Manfred, Exegetische Forschung und keine kirchliche Praxis? Gedanken zur Krise der Predigt alttestamentlicher Texte, in: ders./Boës, Walter (Hrsg.), Alttestamentliche Wissenschaft und kirchliche Praxis. Festschrift Jürgen Kegler (Beiträge zum Verstehen der Bibel 18), Berlin/Münster 2009, 85–98.

8 Und zwar sowohl im Einzelfall bestimmter alttestamentlicher Texte (vgl. Greifenstein, Vom Text, 88–90) als auch im Einzelfall bestimmter christologischer Auslegungen, die antijüdische Stereotype bedienen (vgl. die empirischen Beispiele bei Probst, Die Perikopenrevision, 367–371).

9 Dass dies sogar in der Mitte der Gesellschaft wieder verbreitet wird und auch die Kirche berührt, zeigte ein jüngst bei der Evangelischen Verlagsanstalt erschienener Band und dessen Zurücknahme vom Buchmarkt. Vgl. Seidel, Thomas A. u. Kleinschmidt, Sebastian, Angst, Politik, Zivilcourage. Rückschau auf die Corona-Krise

neue Perikopenordnung nach ihrer Einführung 2018 mit der diesjährigen Reihe nun erstmals abgeschlossen wird, darf (und muss) neu an die Verbreiterung der alttestamentlichen Textbasis mit den entsprechenden homiletisch-liturgischen Konsequenzen erinnert werden. Mit meinem Text möchte ich diese veränderten Vorzeichen zum Anlass nehmen, an grundsätzliche hermeneutische Leitlinien für die Predigtarbeit zu erinnern (2.) und sodann Fragen nach der praktischen Umsetzung zu diskutieren (3.).

DIE HERMENEUTISCH-HOMILETISCHE GRUNDKONSTELLATION: ZWEI RELIGIÖSE AUSLEGUNGSGEMEINSCHAFTEN – EIN SCHRIFTKORPUS

> Nicht nur in der ›Alltagsseelsorge‹, sondern auch in der Predigtpraxis ist eine pragmatische Berufshermeneutik von Pfarrerinnen und Pfarrern am Werk. [...] »[... E]in geklärtes Bewusstsein davon, in einer vorgegebenen Traditions- wie Transformationsgestalt des Christentums zu stehen, ist der m. E. entscheidende Reflexionsschritt einer verantworteten homiletischen Praxistheorie.¹⁰

Angesichts der impliziten Alltagshermeneutik vieler Prediger:innen im Umgang mit alttestamentlichen Texten hat Friedhelm Hartenstein in jüngerer Zeit zurecht ein »geklärtes Bewusstsein« davon gefordert, dass und wie in christlicher Perspektive mit des Ersten Testaments homiletisch umgegangen wird. Ob und wie bewusst diese Alltagshermeneutik reflektiert wird, lässt sich zwar nicht empirisch rückbinden. Probsts jüngst vorgenommene Rekonstruktion anhand von 18 Predigten lässt zumindest eine große Breite und damit eine Fortexistenz von Stereotypen gegenüber Jüd:innen erkennen (z. B. des Verstockungsmotivs). So kann der Glanz auf Moses Gesicht mit einer strukturanalog verfahrenden Hermeneutik

---

(Georgiana Bd. 8), Leipzig 2023. Herausgearbeitet wurde die Problematik in einem wichtigen Beitrag von Merle, Kristin u. Probst, Hans-Ulrich, Nicht salonfähig! Wie demokratiefeindliche Positionen den bürgerlichen Mainstream erreichen, zeigt eine evangelische Publikation, in: zeitzeichen. URL: https://zeitzeichen.net/node/10741 (Stand: 07.02.2024) So wird auch der Kontext des Beitrages deutlich: An der Theologischen Hochschule Reutlingen (THR) fand ein interdisziplinäres Seminar zum Verhältnis von Judentum und Christentum statt.

10 Hartenstein, Zur Predigt, 118.

ganz ohne christologische Figuren auf die Christ:innen in der Gegenwart bezogen werden, das Motiv kann christologisch mit der Verklärung aufgeschlossen und damit überboten werden oder es kommt gar zu einer tendenziell antijüdischen Auslegung, indem die Jüd:innen kollektiv als bleibend verstockt angesehen werden, wenn Ex 34,29 ff. in Rekurs auf die paulinische Allegorese in 2 Kor 3,7–18 ausgelegt wird.

Das Beispiel zeigt: Werden alttestamentliche Texte gepredigt, steht dieser Akt immer in einer mindestens impliziten Kommunikationsrelation zu jüdischen Gläubigen, die sich ihrerseits *etsi Christus non daretur* auf die Hebräische Bibel beziehen. Predigt ist immer öffentlich, und unter dem Einfluss der Digitalisierung sind Predigten sogar global abrufbar und verfügbar.[11] Selbst wenn die Predigt sich dezidiert an Christ:innen richtet und keine Jüd:innen anwesend sind, verorten Predigten eine (in sich plurale) Interpretationsgemeinschaft (Christ:innen) im Horizont einer anderen (in sich pluralen) Interpretationsgemeinschaft. Konkret: Wo im Predigttext bspw. von Israel, von Messias, vom Volk Gottes die Rede ist, wird *immer* – eine Identifikation des gegenwärtig erhofften Gottes mit dem Gott Israels vorausgesetzt – eine explizite oder implizite Beziehung zum Judentum begründet, das sich seinerseits ja ebenfalls in Relation zu diesem Gott positioniert. Es entsteht mithin eine semiotisch mehrstellige Kommunikationsrelation, die Jüd:innen immer einschließt; selbst dann, wenn deren Positionierung zu den angebotenen Rollen im Text (Jakob, David usw.) nicht explizit vorgenommen wird. Gewissermaßen kann eine Predigt des Ersten Testaments nicht nicht mit dem und über das Judentum kommunizieren. Alexander Deeg hat für diese Spannung zuletzt die aufschlussreiche Metapher der Zwillingsbeziehung zweier Geschwister gebraucht, die »nicht voneinander loskommen und doch eine im Einzelnen immer wieder schwierige, sogar dramatische Geschichte haben [...]«[12]. So betrachtet, ist die Anerkennung einer gleichberechtigten Bezugnahme von Judentum und Christentum auf das Erste Testament das erste hermeneutische *criterium interpretationis* einer christlichen Predigt des Ersten Testaments. Das impliziert keinen Relativismus ohne Streitkultur. Es impliziert aber eine Ablehnung aller Interpretationen, durch die eine

---

11 Vgl. zur Dimension der (politischen) Öffentlichkeit des Gottesdienstes vgl. zuletzt Merle, Kristin, »Der Rückzug in die kleine, private, familiäre Welt ist den Christen verwehrt«. Die Öffentlichkeit des Gottesdienstes als bleibende Aufgabe, in: PTh 113 (2024), 19–31.
12 Deeg, Auch für dich, 186.

gleichberechtigte jüdische Bezugnahme auf das Alte Testament delegitimiert werden soll (Überbietungslogik, antithetische Bilder etc.). Das ist gerade deshalb wieder in Erinnerung zu rufen, weil subtile Stereotype – wie z. B. die des zwanghaft gesetzestreuen Juden – weiterexistieren, obwohl der von Paulus über Luther führende Interpretationsstrang durch die exegetische Forschung längst infragegestellt wurde.[13] Solche theologischen Sätze, die sich aus Stereotypen speisen, kommunizieren den impliziten jüdischen Gesprächspartnerinnen in unnötiger und problematischer Weise, sie hätten ihren Gott eben noch nicht richtig verstanden und praktizierten deshalb Werkgerechtigkeit (vgl. exemplarisch anhand der matth. Erfüllungszitate 3.).

Die provozierenden Thesen Notger Slenczkas zur kanonischen Stellung des Alten Testaments[14] haben zuletzt gezeigt, dass dieses Zwillingsmodell mitnichten unhinterfragter Konsens im innerprotestantischen Diskurs ist. Sein ursprüngliches (später relativiertes) Votum für eine Dekanonisierung des Alten Testaments in Anschluss an Schleiermacher, Harnack und Bultmann bietet einen Alternativweg im christlich-jüdischen Dialog an. Darin versucht Slenczka gewissermaßen, das Judentum aus der Kommunikationsrelation herauszunehmen, indem er nicht die Bezugnahme des Judentums problematisiert, sondern den normativen Anspruch des Christentums relativiert. Eine ausführliche Auseinandersetzung mit Slenczkas Thesen hat bereits stattgefunden, sodass eine kurze Erinnerung an die beiden Kerngedanken dazu dienen soll, ein zweites homiletisch-hermeneutisches Kriterium zu formulieren; nämlich das Kriterium der Kanonizität des Alten Testaments. Methodologisch tritt dabei die Insuffizienz einer allein religionsgeschichtlich verfahrenden und homiletisch gerichteten Exegese hervor.

Slenczka betrachtet die kanonische Geltung des Alten Testament zunächst unter dem Gesichtspunkt seiner historischen Entstehung. Sein

---

[13] Vgl. zur Perspektive der New Perspective, die die Bedeutung der bundestheologisch fundierten Gnade herausgearbeitet hat, exemplarisch Dunn, James D. G., A New Perspective on the New Perspective on Paul, in: Early Christianity 4 (2013) 2, 157-182. Ausführlich außerdem zur christl. Torapredigt und ihren Aporien Schöttler, Heinz-Günther, Christliche Predigt und Altes Testament. Versuch einer homilitischen Kriteriologie (Glaubenskommunikation Reihe Zeitzeichen 8), Ostfildern 2001, 182-207.
[14] Vgl. Slenczka, Notger, Die Kirche und das Alte Testament, in: Gräb-Schmidt, Elisabeth/Preul, Reiner (Hrsg.), Das Alte Testament in der Theologie (MJTh 25), Leipzig 2013.

religionsgeschichtlicher Fokus auf die Texte des Alten Testaments lässt für ihn nur einen möglichen Schluss zu: Das Alte Testament kann nicht vom Christentum handeln, ebenso wenig kann es an die christlichen Kirchen gerichtet sein, da das Alte Testament die Schriften von und für das Volk Israel sind. Diesbezüglich dient Slenczka der Ansatz des US-amerikanischen Alttestamentlers Brevard S. Childs als Negativfolie für die Auseinandersetzung. Childs gehe davon aus, dass es durchaus möglich ist, den Inhalten des Alten Testaments ebenso Bedeutung für die christliche Identität zuzusprechen. Denn da das Alte Testament Teil des gesamtbiblischen Kanons ist, können dessen Inhalte über seine ursprünglichen Kontexte hinaus gelesen und zugesprochen werden. Während Childs in seinem *canonical approach* mithin das hermeneutisch und kanonisch notwendige Nacheinander und Ineinander von Altem und Neuem Testament betont, ist das Alte Testament für Slenczka lediglich »eine[] religionsgeschichtliche[] Voraussetzung christlichen Glaubens«[15], weil und insofern es nicht in gleicher Weise – in der Diktion Harnacks gesprochen – zur Bestimmung des wesentlich Christlichen taugt.

Zur religionsgeschichtlichen Relativierung als einer Seite der Medaille tritt jedoch ein zweiter, korrespondierender Gedanke hinzu: die subjektivitätsphilosophisch-bewusstseinstheoretische Aneignung und Bewertung von Texten.[16] In affirmativem Anschluss an Schleiermacher betont Slenczka, dass die religionsgeschichtliche Abständigkeit der alttestamentlichen Texte eine Fremdheit bedeute, die es den Christ:innen verwehre, darin »den Ausdruck des christlich frommen Bewusstseins zu erkennen und als solchen Ausdruck mitzusprechen«.[17] Wie auch der katholische Theologe Ludger Schwienhorst-Schönberger bemerkt,[18] ist daran sicherlich richtig, dass ein christlich-theologisches Verstehen nicht mit der religionsgeschichtlichen Rekonstruktion endet, sondern dass damit zugleich die Frage nach dem erfahrungsgesättigten theologischen An-

---

15 Ebd., 106.
16 Diese Doppelbewegung wird nochmals deutlich, wenn Slenczka (mit Bultmann) das Zusammen von religionsgeschichtlicher und existenzerschließender Perspektive betont (vgl. ders., Differenz tut Not. Systematische Erwägungen über das Alte Testament, in: zeitzeichen 16 (2015) 6, 8–12, hier 9–10).
17 Ders., Die Kirche, 95.
18 Vgl. Schwienhorst-Schönberger, Ludger, Einleuchtend. Führt das christlich-religiöse Bewusstsein zur Herabstufung des Alten Testaments?, in: Gertz, Jan C./Witte, Markus (Hrsg.), Hermeneutik des Alten Testaments (VWGTh 47), Leipzig 2017, 41–55, hier 48.

spruch der Texte gestellt ist. Problematisch ist daran allerdings – und mit diesem Urteil steht Schwienhorst-Schönberger mitnichten allein[19] –, dass Slenczka ein historisch gewordenes, liberal-theologisches (Selbst-)Bewusstsein setzt, das sich in gewissem Sinne in Schleiermacher und Harnack inkarniert, von dem aus wiederum die Kanonizität des Neuen Testaments bestätigt und die des Alten abgelehnt wird. Mit Fug und Recht muss man dazu mit Schmid festhalten: Hier ist ein »fromme[s] Individuum« (oder besser noch ein historisch gewordenes Selbstbewusstsein) »selbst ›kanonisch‹ geworden«, das »dies jedoch nicht offenlegt, sondern dazu dem Neuen Testament einen Mantel exklusiver Pseudo-Kanonizität umlegt«[20]. Zudem ist mit Alexander Deeg festzuhalten, dass Kanonizität gar nicht allein auf Normativität reduziert werden darf, sondern auch das faktische Gelesen- und Gepredigtwerden dieser Texte umgreift.[21]

Gegen diese religionsgeschichtlich-bewusstseinsphilosophische These Slenczkas ist mit Nachdruck auf der Kanonizität der gesamten Heiligen Schrift zu beharren. Weder lässt sich Slenczkas religionsgeschichtlich eindimensionale Zuordnung des Alten Testaments in die Tradition des jüdischen Glaubens halten, denn das Verhältnis des frühen Christentums als innerjüdische Bewegung zum Ersten Testament ist wesentlich komplexer.[22] Noch lässt sich die bewusstseinsphilosophisch zentrierte Hermeneutik des Kanons halten, weil so die Deutungsmacht einseitig auf das kollektiv-individuelle christliche Bewusstsein verlagert wird. Ein Seitenblick auf die Theologie John Wesleys zeigt, dass auch sein Denken nicht frei von antijüdischen Stereotypen war, dass er aber im Kontext der

---

[19] Vgl. Schmid, Konrad, Christentum ohne Altes Testament?, in: IKaZ 45 (2016), 443–456, hier 452f; Hartenstein, Friedhelm, Zur Bedeutung des Alten Testaments für die evangelische Kirche. Eine Auseinandersetzung mit den Thesen von Notger Slenczka, in: ThLZ 140 (2015) 7/8, 738–751, hier 738f. u. 748f.
[20] Schmid, Christentum ohne, 453. Mir scheint der Ausdruck des historisch gewordenen (Selbst-)Bewusstseins aus zwei Gründen passender. Zum einen geht Slenczka natürlich davon aus, dass dieses Bewusstsein eines frommen Individuums intersubjektiv vermittelt und Ergebnis eines historischen Prozesses ist. Das wird besonders an Slenczkas Harnack-Deutung sichtbar, bei der er die Position Harnacks selbst als Ergebnis eines historisch-evolutionären Prozesses beschreibt, von dem aus die Kanonizitätsfrage neu beantwortet werden muss.
[21] Vgl. dazu kritisch Deeg, Alexander, Die zwei-eine Bibel. Der Dialog der Testamente und die offene christliche Identität, in: zeitzeichen 16 (2015) 7, 41–43, hier 41, wo Deeg als kanonisch das in der Kirche Gelesene und Gepredigte versteht.
[22] Vgl. Hartenstein, Zur Bedeutung, 749.

Kanondebatten seiner Zeit ausdrücklich auf der normativen Gültigkeit des Alten Testaments beharrt hat.[23]

Die benannten beiden Hauptkriterien ließen sich selbstverständlich erweitern. Der katholische Theologe Heinz-Günther Schöttler hat in seiner Habilitationsschrift[24] eine ausführliche Kriteriologie entwickelt, deren Differenziertheit hier selbstverständlich nur in Ansätzen erreicht werden konnte. Die bewusste Reduktion auf zwei Kernkriterien soll aber gerade der Operationalisierung und Anverwandlung in der homiletischen Alltagspraxis dienen. Predigten des Alten Testaments können diese Kriterien nicht in Gestalt eines Metadiskurses jedes Mal thematisieren. Indes braucht es – egal ob als Predigttexte die matthäischen Antithesen, ein legislativer Text der Tora oder eine paulinische Allegorese alttestamentlicher Narrationen zugrunde liegt – eine Verinnerlichung dieser Grundhaltung, um dem Anspruch an ein Bewusstsein für die Problematik gerecht zu werden. Denn in der Predigt alttestamentlicher Texte offenbaren Predigende immer exemplarisch, wie es um das Verhältnis von Christentum und Judentum bestellt ist. Eine auf Dauer gestellte Reflexion antijüdischer Stereotype muss angesichts zeitgeschichtlicher Entwicklungen ebenso etabliert werden, wie es eine Liebe zum Erfahrungsreichtum zu der besonderen »*theologische[n]* Qualität« ersttestamentlicher Texte zu kultivieren gilt.[25]

Zur konkreten Predigtpraxis

Abschließend möchte ich einen Schritt der Konkretion wagen, die immer mit dem Risiko einhergeht, Wichtiges auszuklammern. Die Wette ist, dass sich allerdings an der konkreten Predigt(vorbereitungs)praxis zeigen lässt, worin die Bedeutung der entfalteten (abstrakten) Kriterien liegt.

(1) *Das Kriterium der Kanonizität konkretisiert am Umgang mit anthropomorphen Gottesbildern:* Slenczkas ursprünglicher Aufsatz operiert mit einer durchaus problematischen Diktion des »Fremdelns«.

---

[23] Vgl. Schlimm, Matthew Richard, Defending the Old Testament's worth: John Wesley's reaction to the rebirth of Marcionism, in: Wesleyan theological journal 42 (2007) 2, 28–51.
[24] Schöttler, Christliche Predigt.
[25] Vgl. ebd., 627–628, Zitat 628.

Wenn jemand ernsthaft die Texte des Alten Testaments in ihrer Gänze liest und überschaut, wird er oder sie sich nur in engen Grenzen dazu imstande sehen, sie als Ausdruck des Gottesverhältnisses zu lesen und zu verstehen, das sein christlich-religiöses Bewusstsein ausspricht und das er in den Texten des NT wiedererkennen und begründet sehen kann. Es ist faktisch so, dass wir den Texten des AT in unserer Frömmigkeitspraxis einen minderen Rang im Vergleich zu den Texten des NT zuerkennen – die üblichen Zuordnungsschemata reflektieren lediglich dieses deutliche ›Fremdeln‹ des frommen Selbstbewusstseins.[26]

Ohne dass wirklich deutlich würde, woran sich die von Slenczka konstruierten Leser:innen stoßen, sind anthropomorphe Redeweisen von Gott – neben der Frage der Gewalt und der Ritualgesetze im Ersten Testament – ein *locus classicus* dieser Debatte. Exemplarisch deutlich wird das bei Hermann Gunkel, der als Zeit- und Weggenosse Harnacks die anthropomorphen Gottesbilder des Alten Testament als Durchgangsstadium von einer »naiven Anschauung« zu einem Gottesverständnis höherer Ordnung begriffen hat.[27] Solche Beispiele scheinen für Slenczka Grund genug für Zweifel an der Kanonizität des Ersten Testaments. Die Kanonizität als hermeneutisch-homiletisches Prinzip zu bewahren, kann nun natürlich nicht bedeuten, in einen naiven Biblizismus zurückzufallen oder alle Spannungen zu harmonisieren (genauso wenig wie eine pauschale Dekanonisierung des Alten Testaments weiterführend ist). Stattdessen gilt es den kanonischen Anspruch der Texte mit entsprechender hermeneutischer Differenziertheit zu würdigen. Eine metapherntheoretisch informierte Predigtpraxis[28] wird die bildhafte Sprache theologisch zu schätzen wissen, weil es den transzendenten Gott in seiner Abstraktheit in Bilder unserer Erfahrung transfiguriert. Bildhafte Sprache ist somit kein Ausdruck kindlicher Naivität, wie Gunkel meinte, sondern birgt in sich eine besondere Erschließungskraft. Gott begegnet dem Menschen nicht nur als Wolke, Feuer, sondern vermittelt durch Sprache als vorstellbare Gestalt mit Gesicht, Hand, Nase, Lippe und Fuß.

---

[26] Slenczka, Die Kirche, 119.
[27] Vgl. Van Oorschot, Jürgen, Anthropomorphismus, in: WiBiLex. URL: https://bibelwissenschaft.de/stichwort/13433/ (Stand: 22.03.2024).
[28] Lakoff, George u. Johnson, Mark, Philosophy in the Flesh. The Embodied Mind and its Challenge to Western Thought, New York, NY 1999.

(2) *Verheißung und Erfüllung als (problematisches) Schema am Beispiel von Mt 21,1-11:* Zu Beginn des Textes wurde bereits die Schwierigkeit herauspräpariert, die prophetische Texte zu Weihnachten darstellen. An ihnen entzünden sich indes nicht nur Fragen nach der Identifikation historischer sozialer Größen mit gegenwärtigen. Sie sind auch ein paradigmatischer Fall für ein fehlgeleitetes Verständnis des Verheißung-Erfüllung-Schemas. Konkret wird das noch in diesem Kalenderjahr, wenn zur Eröffnung des Kirchenjahres am 01.12.2024 Jesu Einzug in Jerusalem in der Perikopenordnung als Predigttext vorgesehen ist. Mit Jesu Einreiten in Jerusalem auf dem Rücken einer Eselin »erfüllt« (πληρόω) sich die prophetische Verheißung in Sacharja 9,9f (ein Text, der zugleich als alttestamentliche Lesung und teilweise als Wochenspruch vorgesehen und also als Intertext im Gottesdienst sehr präsent ist). Die klassische Interpretation ist, dass sich damit in Jesus erfüllt, was vom Propheten Sacharja angekündigt wurde. Der Einzug wird zum eschatologischen Ereignis, das – und hier ist nun die Einbeziehung der implizit respektive expliziten Kommunikationsrelation zu jüdischen Gläubigen entscheidend – die Christ:innen ihrerseits verstehen und die jüdische Gläubige nicht begreifen, weil sie ja schließlich weiter auf den Messias warten. Dem christlichen Glaubenden wird auf diese Weise ein Mehr- und Besserwissen attestiert, vor dem die – ich spitze bewusst zu – Verstockten und Verblendeten jüdischen Glaubens die Augen verschließen und es ablehnen. Schöttler problematisiert an dieser Deutung zurecht, dass dadurch

> eine zunächst noch als ›intern‹ zu bezeichnende und also innerjüdische Initialpolemik mit zunehmender Entfremdung dieser jüdischen Gruppen, deren eine sich bald als ›Ekklesia‹ abgrenzte, ein Klima geschaffen [hat], in dem juden-christliche gegen ›juden-jüdische‹ Kreise die gemeinsame Bibel – d.i. die Bibel Israels – apologetisch ge- bzw. mißbrauchten und das im Licht der Bibel Israels formulierte Christuskerygma *gegen* Israel funktionalisiert wurde. Nach der endgültigen Trennung zwischen ›Synagoga und Ekklesia‹ ist diese frühchristliche Polemik ›nach außen‹ getragen, intensiviert und perenniert worden. Damit ist eine theologisch falsche und für das jüdisch-christliche Verhältnis so abträgliche Entwicklung eingeleitet worden, in der die Christologie [...] apologetisch funktionalisiert wurde und immer mehr zu *dem* identitätsstiftenden und die Juden als ›Blinde‹ und ›Verstockte‹ darstellenden Teil der christlichen Lehre wurde.[29]

---

[29] Schöttler, Christliche Predigt, 491–492 (Hervorhebung im Original).

In dieser Flucht wird die »schmerzende Erfüllungslücke«[30] innerhalb unserer eigenen Christologie und Eschatologie verdeckt. Denn auch wenn Christ:innen glauben, dass Mt 21,1-11 von der Bekräftigung von Sacharja 9,9f berichtet, steht auch für sie die endgültige Verifikation dieser Glaubensaussage noch aus. Um der historisch etablierten apologetischen Fehldeutung zu entgehen, ist es in Anschluss an Schöttler bedenkenswert, πληρόω nicht länger mit »erfüllen« zu übersetzen, sondern es semantisch anders zu akzentuieren.[31] Ist nämlich stattdessen von »aufrichten« oder »bekräftigen« die Rede, wird die Treue und gnädige Zuwendung Gottes, die sich in Jesus ereignet hat, ausgesagt, ohne dass im christlich-jüdischen Verhältnis eine pejorative Absetzbewegung notwendig wird. In der Zwillingsbeziehung könnte es hinsichtlich der (unerfüllten) eschatologischen Erwartung dann, wie Martin Buber es unübertroffen und nicht ohne Humor ausgedrückt hat, zu einem Schulterschluss kommen:

> Wir warten alle auf den Messias. Sie glauben, er ist bereits gekommen, ist wieder gegangen und wird einst wiederkommen. Ich glaube, dass er bisher noch nicht gekommen ist, aber dass er irgendwann kommen wird. Deshalb mache ich Ihnen einen Vorschlag: Lassen Sie uns gemeinsam warten. Wenn er dann kommen wird, fragen wir ihn einfach: Warst du schon einmal hier? Und dann hoffe ich, ganz nahe bei ihm zu stehen, um ihm ins Ohr zu flüstern: ›Antworte nicht‹.

Die Spannung auszuhalten, die durch den Bezug zweier Zwillingsgeschwister auf das Erste Testament entsteht, scheint mir die einzig zielführende Perspektive für die christliche Predigt des Ersten Testaments nach Auschwitz und im Angesicht eines weiter grassierenden Antisemitismus zu sein. Sie kann und darf nicht aufgelöst werden; weder durch eine Dekanonisierung des Alten Testaments und also einer Aufgabe des Anspruchs einer »zwei-einen Bibel« (A. Deeg) noch durch eine Abwertung jüdischer Deutungsansprüche. Eine stete Erinnerung an die Kanonizität des Ersten Testaments und die komplexe christlich-jüdische Kommunikationsrelation jeder Predigt sind dafür die minimale und unhintergehbare Voraussetzung.

---

30 Vgl. ebd., 513-521.
31 Vgl. zu diesem Verständnis von πληρόω vgl. auch Crüsemann, Frank: Das Alte Testament als Wahrheitsraum des Neuen. Die neue Sicht der christlichen Bibel, Gütersloh ³2018, 229-257.

Literaturverzeichnis

Crüsemann, Frank: Das Alte Testament als Wahrheitsraum des Neuen. Die neue Sicht der christlichen Bibel, Gütersloh ³2018.

Deeg, Alexander: Die zwei-eine Bibel. Der Dialog der Testamente und die offene christliche Identität, in: zeitzeichen 16 (2015) 7, 41-43.

Ders.: Art. Christliche Predigt des Alten Testaments, in: WiBiLex (2017). URL: https://bibelwissenschaft.de/stichwort/15225/ (Stand: 06.02.2024).

Ders.: »Auch für dich« und das »messianische Heute«, in: Gertz, Jan C./Witte, Markus (Hrsg.), Hermeneutik des Alten Testaments (VWGTh 47), Leipzig 2017, 166-187.

Dunn, James D. G.: A New Perspective on the New Perspective on Paul, in: Early Christianity 4 (2013) 2, 157-182.

Gräb, Wilhelm: Predigtlehre. Über religiöse Rede, Göttingen 2013.

Greifenstein, Johannes: Vom Text zur Predigt. Ein Beitrag zur Praxistheorie homiletischer Bibelauslegung (PThGG 34), Tübingen 2021.

Hartenstein, Friedhelm: Zur Bedeutung des Alten Testaments für die evangelische Kirche. Eine Auseinandersetzung mit den Thesen von Notger Slenczka, in: ThLZ 140 (2015) 7/8, 738-751.

Ders.: Zur Predigt alttestamentlicher Texte in der Spannung zwischen Kulturhermeneutik und Christologie, in: Johannes Greifenstein (Hrsg.), Predigt als Bibelauslegung. Praktische Hermeneutik in interdisziplinären Perspektiven (PThGG 37), Tübingen 2022, 113-132.

Lakoff, George u. Johnson, Mark: Philosophy in the Flesh. The Embodied Mind and its Challenge to Western Thought, New York, NY 1999.

Merle, Kristin: »Der Rückzug in die kleine, private, familiäre Welt ist den Christen verwehrt«. Die Öffentlichkeit des Gottesdienstes als bleibende Aufgabe, in: PTh 113 (2024), 19-31.

Merle, Kristin u. Hans-Ulrich Probst: Nicht salonfähig! Wie demokratiefeindliche Positionen den bürgerlichen Mainstream erreichen, zeigt eine evangelische Publikation, in: zeitzeichen. URL: https://zeitzeichen.net/node/10741 (Stand: 07.02.2024).

Oeming, Manfred: Exegetische Forschung und keine kirchliche Praxis? Gedanken zur Krise der Predigt alttestamentlicher Texte, in: Manfred Oeming/Walter Boës (Hrsg.), Alttestamentliche Wissenschaft und kirchliche Praxis. Festschrift Jürgen Kegler (Beiträge zum Verstehen der Bibel 18), Berlin/Münster 2009, 85-98.

Pickel, Gert u. Wolfgang Ratzmann: Gesagt wird - eine empirische Studie zur Rezeption der gottesdienstlichen Lesungen, in: Kirchenamt der EKD/Amt der UEK/Amt der VELKD (Hrsg.), Auf dem Weg zur Perikopenrevision. Dokumentation einer wissenschaftlichen Fachtagung, Hannover 2010, 95-109.

Probst, Hans-Ulrich: Die Perikopenrevision als Ausgangspunkt zur Reflexion des jüdisch-christlichen Verhältnisses?, in: PTh 112 (2023) 9, 352-376.

Schlimm, Matthew Richard: Defending the Old Testament's worth: John Wesley's reaction to the rebirth of Marcionism, in: Wesleyan theological journal 42 (2007) 2, 28–51.

Schmid, Konrad: Christentum ohne Altes Testament?, in: IKaZ 45 (2016), 443–456.

Schöttler, Heinz-Günther: Christliche Predigt und Altes Testament. Versuch einer homilitischen Kriteriologie (Glaubenskommunikation Reihe Zeitzeichen 8), Ostfildern 2001.

Schwienhorst-Schönberger, Ludger: Einleuchtend. Führt das christlich-religiöse Bewusstsein zur Herabstufung des Alten Testaments?, in: Gertz, Jan C./Witte, Markus (Hrsg.), Hermeneutik des Alten Testaments (VWGTh 47), Leipzig 2017, 41–55.

Seidel, Thomas A. u. Kleinschmidt, Sebastian: Angst, Politik, Zivilcourage. Rückschau auf die Corona-Krise (Georgiana Bd. 8), Leipzig 2023.

Slenczka, Notger: Die Kirche und das Alte Testament, in: Gräb-Schmidt, Elisabeth/Preul, Reiner (Hrsg.), Das Alte Testament in der Theologie (MJTh 25), Leipzig 2013.

Ders.: Differenz tut Not. Systematische Erwägungen über das Alte Testament, in: zeitzeichen 16 (2015) 6, 8–12.

Van Oorschot, Jürgen: Anthropomorphismus, in: WiBiLex. URL: https://bibelwissenschaft.de/stichwort/13433/ (Stand: 22.03.2024).

Buchbesprechungen zum Thema

Delphine Horvilleur: Überlegungen zur Frage des Antisemitismus. Aus dem Französischen von Nicola Denis, 3. Auflage, Hanser Berlin, Berlin 2020, 141 Seiten, 18,00 €.

Selten ist über die Frage des Antisemitismus so klug und zugleich gut lesbar geschrieben worden wie in dem schmalen Buch der Pariser Rabbinerin Delphine Horvilleur, eine der wichtigsten Stimmen des liberalen Judentums in Frankreich. Das Buch ist im besten Sinne essayistisch: Es bietet keine umfassende Theorie, auch keine zusammenhängende Geschichte des Antisemitismus wie etwa Peter Schäfers meisterhaftes Werk »Eine kurze Geschichte der Antisemitismus« (vgl. dazu S. 77 ff in diesem Band). Vielmehr unternimmt Horvilleur verschiedene Versuche, dem Phänomen des Antisemitismus im Gespräch mit jüdischer Traditionsliteratur und zeitgenössischer Philosophie auf die Spur zu kommen. Dabei lässt sie Texte aus Bibel, Talmud und Midrasch ausführlich zu Wort kommen und liest sie im Licht von Überlegungen von Jean-Paul Sartre, Jacques Lacan, Jacques Derrida, Emmanuel Levinas u. a. Auch feministische Perspektiven fehlen nicht.

Im Unterschied zu anderen Formen des Rassismus entzündet sich der Antisemitismus nach Horvilleur nicht so sehr am Gefühl der Überlegenheit der Antisemiten, sondern am Ressentiment gegenüber dem vermeintlichen jüdischen »Mehr« an Macht, Klugheit, Reichtum, ja sogar an Leid. Dabei ist das Wesen jüdischer Identität gerade der Bruch mit der Identität, der Auszug aus geschlossenen Verhältnissen, wie bereits die Bezeichnungen *ivri* (»Hebräer«) »Überquerende(r)« und der »hinkende Name« Jakob verdeutlichen.

Spannend zu lesen ist Horvilleurs Versuch einer genealogischen Rekonstruktion des Antisemitismus, die bei dem im Estherbuch geschilderten Konflikt zwischen Mordechai und Haman ansetzt. Kaum betritt mit Mordechai die erste biblische Figur, die »Jude« genannt wird (Est 3,4 u. ö.), die Bühne der Geschichte, ist Haman, der erste Antisemit *avant le lettre*, nicht weit. Horvilleur verfolgt Hamans Judenhass über seinen Vorfahren Agag zurück bis zu Amalek, der nach rabbinischer Auffassung die Frucht einer inzestuösen Beziehung zwischen Esaus Sohn Elifas und dessen Tochter Timna ist (nach Gen 36,12 ist Timna Elifas' Nebenfrau, nach

1 Chr 1,36 seine Tochter). Der Antisemitismus wäre demnach das Erbe eines uralten Geburtsfehlers und zugleich eines Hasses auf die Tora, die Inzest strikt untersagt. Gleichzeitig nimmt Horvilleur die Spur einer anderen rabbinischen Deutung auf, derzufolge Timna (»die Ausgeschlossene«) als edomitische Fürstin Aufnahme in die Gemeinde Israels begehrte, aber von Abraham, Isaak und Jakob abgewiesen wurde, weshalb sie sich aus Enttäuschung Elifas zuwandte. Die Rabbinen kommentieren das Verhalten der Erzväter mit dem Satz: »Sie hätten sie nicht zurückweisen dürfen« (Talmud, Traktat Sanhedrin 99b). Gibt es am Ende also eine Art Mitverantwortung Israels am Antisemitismus der Zu-kurz-Gekommenen? Auch wenn Horvilleur diese Frage nicht mit einem platten Ja beantwortet – die selbstkritische Reflexion der Abweisung Timnas durch die alten Rabbinen ist mehr als erstaunlich.

Weitere Kapitel legen die Wurzeln des Antisemitismus in der rabbinischen Darstellung des Verhältnisses jüdischer Gelehrter zum römischen Kaiser frei. Sie gehen auch dem verbreiteten Klischee des verweiblichten jüdischen Mannes nach, das sich schon in der Rivalität zwischen Jakob und Esau (rabbinisch für Rom) andeutet (Gen 25,27 f.). Die jüdische Identität des Nicht-Identischen stünde demnach auch für ein anderes Geschlechterbild, das Männer davon entlastet, stets (st)ruppig und gewalttätig zu sein. In einem anderen Kapitel setzt sich Horvilleur mit der Erwählung Israels, seit jeher ein Lieblingsthema des Antisemitismus, auseinander. Sie macht deutlich: Das Bewusstsein der Erwählung ist viel eher Aufgabe und Last als Privileg oder gar Grund zur Arroganz. Auch die Erwählung trägt den Stempel des Nicht-Ganzen und Unvollständigen, das all denen, die nach Geschlossenheit und Totalität streben, ein Dorn im Auge ist. Dass sich daraus auch Konsequenzen für die Analyse politischer Konflikte ergeben, zeigt Horvilleur im letzten Kapitel. Man darf gespannt sein auf ihr neues Buch, das sich mit Möglichkeiten der Verständigung nach den Ereignissen vom 7. Oktober 2023 beschäftigt.

Wer auf der Suche nach einer klugen, ungewohnten und mit Esprit geschriebenen Analyse des Antisemitismus ist und nebenbei noch einiges über rabbinische Literatur und französische Philosophie lernen möchte, wird Horvilleurs Buch mit großem Gewinn lesen.

Jörg Barthel

Navon, Moshe/Söding, Thomas: Gemeinsam zu Gott beten.
Eine jüdisch-christliche Auslegung des Vaterunsers. Herder,
Freiburg, Basel, Wien 2018, 176 Seiten, 20 €.

Was entsteht, wenn ein Rabbiner und ein Neutestamentler den Austausch zu zweit so sehr schätzen, dass sie andere Menschen daran teilhaben lassen wollen? Ein gemeinsames, kurzes und knackiges, im Jahr 2018 erschienenes Buch mit dem Titel *Gemeinsam zu Gott beten – Eine jüdisch-christliche Auslegung des Vaterunsers*.

Der Rabbiner Moshe Navon und der Neutestamentler Thomas Söding gehen hier miteinander den Wurzeln des christlichen Herzensgebets, des Vaterunsers, auf den Grund. Abschnitt um Abschnitt wird es sowohl aus christlicher als auch aus jüdischer Perspektive ausgelegt, wobei das eine Mal dieser, das andere Mal jener mit der Auslegung beginnt. Im Mittelpunkt steht das Wissen darum, dass Jesus als Jude Menschen mit jüdischem Glauben ein Gebet in der Sprache des jüdischen Glaubens gelehrt hat. Gerade darum ist es notwendig, auch als Christ*in die jüdischen Wurzeln zu kennen, um die Fülle des Vaterunsers zu begreifen. Denn dieses Gebet ist fester Bestandteil von christlichen Gottesdiensten und bereits kleine Kinder lernen es auswendig, aber die eigentliche Bedeutung geht durch das routinehafte Sprechen nur allzu schnell verloren. Wer *Gemeinsam zu Gott beten* liest, entdeckt die Tiefe des Vaterunsers neu. Seine Relevanz wird durch die unkomplizierte Sprache des Buches allen Leser*innen zugänglich, egal ob mit oder ohne theologische Vorkenntnisse.

Durch die Perspektive Navons werden die jüdische Herkunft und der jüdische Charakter des Vaterunsers offengelegt, man rückt dem Denken Jesu als Jude noch näher und versteht, was hinter den einzelnen Versen und den verwendeten Bildern steckt. Die Lektüre des Buches eröffnet eine Teilhabe am Dialog der zwei sowohl wissenschaftlich wie auch geistlich tätigen Autoren, und sie macht Lust auf die Teilhabe an der lebendigen und vertrauensvollen Beziehung zwischen Jesus und Gott, die Hoffnung schafft, Geborgenheit schenkt und Freude weckt.

Navon und Söding sind sich darin einig, dass das Vaterunser einen friedensbringenden Dialog zwischen Christ:innen und Jüd:innen schaffen kann, denn nicht nur die gemeinsamen Wurzeln verbinden beide Religionen, sondern auch die Sehnsucht danach, Gott grenzenlos vertrauen zu können – die Hauptaussage des Gebets Jesu. Eine Auseinandersetzung mit der Lektüre weckt den Wunsch, wie Jesus zum himmlischen Vater zu beten: Nicht nur mit seinen Worten, sondern auch genauso ehrlich – mit Herz und Verstand.

Jana Göhler

Peter Schäfer, Kurze Geschichte des Antisemitismus, C. H. Beck, München 22020, 335 Seiten, 26,95 €

Peter Schäfer schafft in seinem Buch Faszinierendes. Denn ihm gelingt es, über das brisante Thema des Antisemitismus, über das schon viel geschrieben wurde, von dem viel gewusst wird und sicher jeder schon etwas gehört hat, nicht einfach schon weithin Bekanntes neu aufzugießen und mit der Moralkeule den Leser zu erschlagen. Stattdessen nimmt er die Lesenden mit auf eine Reise, die immer wieder an verschiedenen Punkten Halt macht und Neues entdecken lässt, ohne dass er sich dabei im Kleinklein der Jahrhunderte verliert.

Schäfer führt durch die Epochen der Weltgeschichte, von der Antike bis zur Neuzeit, und betrachtet für die sorgfältig ausgewählten Zeitabschnitte relevante Ereignisse und Beschlüsse, die die leidvolle Geschichte des Antisemitismus prägen. Er schafft es, die großen roten Linien zu ziehen, ohne den Blick ausschließlich auf das Allgemeine zu werfen. Vielmehr schildert er konkrete Geschehnisse, geht ihnen nach und den Vorgängen auf den Grund. Dabei gelingt es ihm nicht nur, die ungeheure Vielzahl und schauerliche Vielfalt der Formen und Ausprägungen antisemitischen Handelns und Denkens aufzuzeigen, sondern den Blick auch immer wieder auf Menschen, Regionen und Strömungen zu richten, die eine andere, verteidigende oder zumindest nicht ablehnende Haltung gegenüber ihren jüdischen Mitbürgern einnahmen.

Schäfer macht sich auf die Suche nach den Anfängen jener Denkmuster, die wir heute als Antisemitismus kennen. Begrifflich unterscheidet er nicht zwischen Antisemitismus und Antijudaismus, sondern es geht ihm allgemein um Judenfeindschaft. Die erste Fundstelle dafür ist die vorchristliche griechisch-römische Antike. Einige der später populären antisemitischen Deformierungen haben bereits hier ihren Ursprung. Von der Zeit der Makkabäer und des Antiochus IV., der mit einem Schweineopfer den jüdischen Tempel entweihte – die Urform der Verhöhnung der jüdischen Reinheits- und Kultvorschriften –, schlägt er einen Bogen in die Schriften des Alten Testaments, wo in der Geschichte von Esther bereits die Gesetze der Juden und ihre Bundestreue Anlass zu tiefgreifendem Hass und einem Vernichtungsbefehl geben.

Auch in den neutestamentlichen Schriften zeigt Schäfer antisemitische Tendenzen auf, jedoch nicht als Beschreibung eines erlittenen Antisemitismus des jüdischen Volkes, sondern als antijüdische Polemik der christlichen Literatur. Vor allem im Johannesevangelium wird er hier fündig. Die Bezeichnung der Juden als Kinder des Satans, die Synagoge des Teufels oder auch ausgiebige Gesetzespolemik finden sich nicht nur bei Johannes, sondern bei verschiedenen Autoren des Neuen Testaments. Auch wenn die ein oder andere Stelle nicht in antisemitischer Absicht geschrieben war, entwickelten sie doch im Laufe der Jahrhunderte eine unsägliche Wirkung. Damit tritt Schäfer ein in die Geschichte des christlich ausgeprägten Antisemitismus.

Schäfer betont ausdrücklich, dass der Antisemitismus keine Erfindung des Christentums ist. Vielmehr gab es – so zeigen die ersten Kapitel – Ausgrenzung, Verfolgung und Polemik gegen Juden schon in der Zeit vor Christus. Die anschließend breit entfaltete Geschichte der Kirche im Verhältnis zu den Juden ist gleichwohl furchtbar und beschämend. Denn keine andere Zeit und keine andere Institution sollten den Antisemitismus so sehr ausprägen wie die christlich regierten Reiche dieser Erde und eine Kirche, die sich als neues Israel verstand und viel daransetzte, dem alten den Garaus zu machen.

Nicht nur für Christen, aber gerade für einen von ihnen, ist es unglaublich schockierend, was Schäfer in den folgenden Kapiteln entfaltet. Denn stetiger Begleiter des sich formierenden Christentums sind die Bestrebungen, sich vom Jüdischen abzugrenzen. Das reicht vom Versuch des Ketzers Markion, sich des Alten Testaments zu entledigen, bis zu Hasspredigten gegen Juden von anerkannten Kirchenvätern. Deren antisemitische Theologie, die sich in einer radikalen Ablehnung jeder jüdischen Lebensform zeigt, bildete letztlich die Grundlage für fast alle in den folgenden Jahrhunderten entwickelten Theologien. Dabei ist es kaum überraschend, dass nicht nur die positiven Ideen über den christlichen Glauben weitergedacht wurden, sondern auch die fatalen, gegen die Juden gerichteten Gedanken, die eine zerstörerische Dynamik entwickeln sollten.

Eine ganz neue Schlagkraft bekamen diese theologischen Überlegungen, als das Christentum allmählich zur Staatsreligion wurde und die antisemitischen Ideen der Kirchenväter Menschen nicht nur in einem beschränkten Wirkungskreis prägten, sondern in staatliche Gerichtsbarkeit Einzug hielten.

Schäfer zeigt die dramatischen Wechselwirkungen zwischen Kirche und Kaiser auf. Zwischen den Fronten befanden sich immer die Juden. Zum einen wurden sie als Grund für jedes Übel gesehen und waren doch besondere Schutzbefohlene. Sie wurden sowohl des wilden Wuchers beschuldigt als auch gerne für die Organisation der Finanzgeschäfte hinzugezogen. Die Juden lebten in einem Zustand voller Ambivalenz ohne Garantie auf Sicherheit, ohne gesicherten rechtlichen Status. Zu allen Übeln, den sie durch die Mächtigen ausgesetzt waren, kamen noch die Verschwörungsmythen des einfachen Volkes dazu. Gerade im Mittelalter arteten Anschuldigungen von Ritualmord, allgemeinem Menschenhass und tiefer Böswilligkeit gegen die Christen zu unkontrollierter Lynchjustiz aus.

Schäfer geht diesen Dingen nach, zeigt die Entstehung von antisemitischen Legenden auf. Er schildert einige Fälle genauer und führt so die Stimmungen und Dynamiken der damaligen Zeit lebhaft vor Augen.

Ungeschönt, aber nicht überzeichnet, zieht Schäfer die Linie weiter zu Luther und der Reformationszeit. In dieser Zeit beginnt die Situation komplexer zu werden, da sich ein wissenschaftliches Interesse am Jüdischen zu entwickeln beginnt, jedoch meist nicht aus rein wissenschaftlichen Motiven. An manchen Stellen wird so der Antisemitismus subtiler, und auch die Stimme von Bewunderern der jüdischen Theologie, insbesondere der Kabbala, werden lauter. Dass Luthers Antisemitismus nicht besonders subtil, sondern schon immer vorhanden war, ja immer wieder hemmungslos hervorbrach, zeigt Schäfer mit vielen Zitaten aus den Schriften des Reformators.

Mit der Aufklärung begann ein neues Kapitel der Geschichte des Antisemitismus, denn zum ersten Mal in der Geschichte gibt es eine absolute Gleichstellung der Juden mit ihren Mitbürgern in verschiedenen Verfassungen. Damit kam der Antisemitismus jedoch nicht an sein Ende. Die gleichen Anschuldigungen und Feindbilder wurden in aufgeklärtes Gewand gekleidet und lebten im Licht der Aufklärung weiter. Durch die aufkommende Rassentheorie verstärkte sich der Antisemitismus zudem zu einer Macht, die genau den Nährboden bereitete, auf dem die Nazis ihren Vernichtungsfeldzug gegen die Juden führen konnten.

Auch nach der Zeit des Nationalsozialismus war es nicht vorbei. Alte Nazigrößen hatten noch immer Einfluss und die Verunglimpfungen und falschen Anschuldigungen, die es seit der Antike gab, leben bis heute weiter.

Schäfer gelingt es mit einer eindrücklichen Sprache, diesen roten Faden durch alle Kapitel hindurchzuziehen. Mit schmerzendem Herzen liest man, wie tief die Geschichte des Antisemitismus mit der eigenen Kultur zusammenhängt, wie tief verflochten er mit Politik und Gesellschaft war. Für mich erscheint es nach der Lektüre dieses Buches wie ein Wunder, dass wir heute in ganz anderer Weise über jüdisches Leben denken und sprechen können. Es ist ein Buch, das zum Nachdenken anregt und das, meiner Meinung nach, alle lesen sollten, die das Phänomen des Antisemitismus verstehen wollen und die nicht davor zurückschrecken, in die fehlgeleiteten Abgründe staatlicher, kirchlicher und letztlich menschlicher zu blicken. Dieses Buch macht aufmerksam auf Dynamiken, die sich in Gesellschaften ereignen, mit fatalen Folgen für eine Gruppe. Es spornt an, selbst zu reflektieren, nachzudenken, kritisch hinzuschauen, Narrative zu entdecken und zu durchbrechen. Es ist ein Buch, das nicht verurteilt und gerade dadurch ein differenziertes Bild zeichnet, welches betroffen macht.

Einmal angefangen, lässt sich dieses Buch nur noch schwer aus den Händen legen. Es ist schriftgewordener Dokumentarfilm, Drama und Geschichte. Nur eines ist dieses Buch sicher nicht: belanglos.

Felix Süß

Ritual Design meets FreshX
Oder: Wie lassen sich stimmige Rituale für eine Kirche der Zukunft gestalten?[1]

Maximilian Bühler

Krise der Kirche als Krise traditioneller Rituale – FreshX als Suche nach neuen Ritualen?!

Kirche ist in der Krise. Auf diese Charakterisierung stößt man unweigerlich, wenn man die gegenwärtige Situation der Kirche in den Blick nimmt.[2] Die Mitgliederzahlen schwinden, und mit ihren Mitgliedern verlieren die Kirchen ihren finanziellen Spielraum; Glaubensüberzeugungen haben immer weniger Einfluss auf die Lebensgestaltung der Menschen und ihr Wahrheitsanspruch verblasst im Konzert vieler religiöser und säkularer Stimmen.[3] Immer weniger Menschen frequentieren kirchliche Veranstal-

---

[1] Dieser Beitrag ist eine geringfügig überarbeitete Form meiner Probevorlesung an der Theologischen Hochschule Reutlingen, die ich am 1. Juli 2022 im Rahmen des Berufungsverfahrens auf den Lehrstuhl Praktische Theologie I gehalten habe. Der mündliche Stil des Manuskripts wurde weitestgehend beibehalten.

[2] Sehr selektiv seien hier nur einige wenige aktuelle Stimmen angeführt. Vgl. Peter Scherle, Raus aus dem falschen Film! Wie die evangelische Kirche den gewaltigen Transformationen unserer Zeit begegnen sollte, in: Zeitzeichen (online unter: https://zeitzeichen.net/node/9736) vom 02.05.2022 (Stand: 06.03.2024) und die Diskussionen rund um die Studie KMU VI online unter https://kmu.ekd.de/ (Stand 06.03.2024) sowie die Projektion der Mitgliederzahlen bis 2060, die ökumenisch in Freiburg durchgeführt wurde (online unter: https://www.ekd.de/ekd_de/ds_doc/projektion-2060-ekd-vdd-factsheet-2019.pdf (Stand: 06.03.2024). Die Säkularisierungstheorie dürfte diejenige religionssoziologische Großtheorie sein, die mit der Krisenrhetorik am ehesten korrespondiert.

[3] Aus der Fülle möglicher Referenzen zur religionssoziologischen Gegenwartsdeutung vgl. Taylor, Charles A Secular Age, Cambridge, Mass. 2007.

tungen, sogar die landeskirchlich so hochgehaltene Stabilität[4] der Bestattungspraxis beginnt zu erodieren. Auch die Evangelisch-methodistische Kirche (EmK) hat sich diesen Begriff der Krise in der Diagnose ihrer Situation zu eigen gemacht – wie es der Bericht der Superintendent:innen zur Süddeutschen Jährlichen Konferenz 2022 zeigt.[5] Gerade der sonntägliche Gottesdienst ist in ihrem Bericht Symbol der Krise, sei er doch – gerade in einer Gemeinschaftskirche wie der EmK – lange das Zentrum gemeindlichen Lebens gewesen. Dass der Gottesdienst dieses Zentrum an vielen Orten nicht mehr in gleichem Maße ist und keine Strahlkraft mehr besitzt, sei in der Pandemie deutlich geworden.[6] Partizipation an vielen kirchlichen Ritualen (wie z.B. Abendmahlsliturgien) birgt mithin hohe Schwellen, denn die Formen sprechen nur Eingeweihte an. Die Krise der Kirche verdichtet sich in der Krise ihrer traditionellen Rituale.[7]

---

[4] Vgl. Fechtner, Kristian, Kasualien, in: ders. u.a. (Hrsg.), Praktische Theologie. Ein Lehrbuch, Stuttgart 2017, 57–80, hier 66. Inzwischen scheint die Bestattung nun Ort forcierter Wandlungsprozesse. In Hamburg lässt sich jedes zweite evangelische Kirchenmitglied nicht mehr kirchlich bestatten (Vgl. Handke, Emilia, Von einer Amtskirche zu einer Dienstleistungskirche. Auf dem Weg in eine Kasualpraxis der Zukunft, in: Wagner-Rau, Ulrike/Handke, Emilia [Hrsg.], Provozierte Kasualpraxis. Rituale in Bewegung [PTHe Band 166], Stuttgart 2019, 179–192). Bundesweit wird man diese Zahl inzwischen auf rund 20 Prozent schätzen müssen (vgl. die Zahlen 2011 Friedrichs, Lutz, Die kirchliche Bestattung: Tradition im Wandel, in: Klie, Thomas u.a. [Hrsg.], Praktische Theologie der Bestattung [PThW 17], Berlin u.a. 2015, 63–85, hier 70. Vgl. zu einer dramatischen Bewertung der Zahlen auch Lammer, Kerstin, Den Tod begreifen. Neue Wege in der Trauerbegleitung, Neukirchen-Vluyn ⁶2013, 48–55.

[5] Vgl. den Bericht der Superintendenten an die Süddeutsche Jährliche Konferenz 2022, online unter: https://www.emk-sjk.de/wp-content/uploads/2022/06/Supbericht_final_ohne_SWOT_opt.pdf (Stand 06.03.2024).

[6] Vgl. ebd., 29f.

[7] Es scheint daher naheliegend, dass die Arbeitsgruppe »Angebote«, die sich im Rahmen des Change-Prozesses der Süddeutschen Jährlichen Konferenz (EmK) auch mit der Zukunft gottesdienstlicher Praxis beschäftigt, nun den Vorschlag diskutiert, ›klassische‹ Gottesdienste auszusetzen und alternative Formen auszuprobieren. Kritisch wird m.E. zu fragen sein, ob nicht – und diese These wird hier vertreten – Rituale weiterhin Bestandteil religiöser Praxis sein *müssen*. Die Aussetzung der Gottesdienste darf nicht in einem antirituellen Gestus zu einer Geringschätzung ritueller Performativität und – gottesdiensttheologisch formuliert – zu einer Verarmung des katabatisch-anabatischen Begegnungsgeschehens zwischen Gott und Mensch führen. Ob Gottesdienste daher sinnvoll unter »Angebote« subsumiert werden können, ist ebenso diskussionswürdig, denn es scheint damit ein instrumentelles Verständnis von Gottesdienst nahezuliegen (vgl. auch Anm. 36).

Auf der Suche nach Wegen aus der Krise wird große Hoffnung in die *Fresh Expressions of Church*-Bewegung (FreshX) gesetzt.[8] Sie hat sich als einer *der* Wege in eine neue Zukunft der Kirche(n) in Deutschland etabliert.[9] Die These der Bewegung, ja dieses theologischen Programms ist *in nuce* im Namen selbst formuliert: Weil vormalige Selbstverständlichkeiten erodieren, Lebensstile sich diversifizieren und überkommene Traditionen aus sich heraus keine Resonanz mehr erzeugen, werden »neue Ausdrucksformen von Kirche« gesucht.[10] Diese neuen Ausdrucksformen müssen den kulturellen Wandel mitvollziehen, ohne allerdings in der Kultur selbst aufzugehen und ohne ihr gegenkulturelles, kritisches, befremdendes Potential zu verlieren. In vier Begriffen werden die Grundkoordinaten und Ziele der FreshX-Bewegung abgesteckt. Sie ist »*missional*«, weil sie sich an kirchen- und glaubensferne Menschen richtet; sie ist »*contextual*«, weil sie Glaubenstraditionen mit der Kultur dieser Menschen zu vermitteln versucht; sie ist »*formational*«, weil sie die Bildung von Jüngerschaft intendiert; und schließlich ist sie »*ecclesial*«, weil FreshX-Projekte im vollgültigen Sinne Kirche sein und werden wollen, wo sie die Menschen erreichen.[11] Durch die FreshX-Bewegung entstanden unterschiedlichste Projekte als neue Ausdrucksformen von Kirche: Gemeinden in Bars und Cafés, diakonische Quartiersarbeit in »Problemvierteln« oder die MessyChurch als familienfreundliche Kirche für alle Generationen.[12]

---

[8] »Bewegung« oder engl. »movement« ist die Selbstbeschreibung der Fresh Expressions (vgl. die Online-Präsenzen unter https://freshexpressions.de/fresh-x-netzwerk/was-ist-fresh-x/ und https://freshexpressions.org.uk/what-is-fx/ - Stand: 06.03.2024). Was diese Selbstbeschreibung als Bewegung kirchentheoretisch bedeutet, wäre zu überlegen.

[9] Vgl. zu diesem Urteil auch Geilhufe, Justus, Kritik und Exzess. Missionale Theologie und missionarische Kirche zwischen Tradition und Aufbruch, in: MThZ 69 (2018), 305–313, hier 306.

[10] Vgl. einführend die beiden Monographien Moynagh, Michael, Church for Every Context. An Introduction to Theology and Practice, London 2012; Müller, Sabrina, Fresh Expressions of Church. Ekklesiologische Beobachtungen und Interpretationen einer neuen kirchlichen Bewegung, Zürich 2016.

[11] Vgl. Moynagh, Church for Every Context, Pos 192; Müller, Fresh Expressions, 44. Hinweis des Verfassers: Kindle-Fassungen werden nach Positionen (kurz Pos.) nicht nach Seitenzahlen zitiert.

[12] Vgl. zu einem erzählerischen Erlebnisbericht vieler FreshX-Projekte Baer-Henney, Sebastian, Fresh X – live erlebt. Wie Kirche auch sein kann, Gießen 2015. Einen

Rituale scheinen – einem ersten Reflex folgend – darin keinen Platz zu haben, stehen Rituale doch für das Traditionelle, Vergangene, Überkommene, ja das Tote, Widerspenstige und Verstaubte. Und der Ritualbegriff firmiert tatsächlich nicht unbedingt prominent innerhalb der FreshX-Bewegung.[13] Ja, bei Michael Moynagh – einem zentralen Denker der FreshX-Bewegung – dient der Ritualbegriff auch dazu, um das Traditionalistische im Unterschied zu den neuen Formen zu bezeichnen.[14] Kritiker:innen an der FreshX-Bewegung haben immer wieder ein mangelndes Traditionsbewusstsein moniert.[15] Verteidiger:innen der FreshX-Bewegung werden ihrerseits nicht müde zu betonen, dass eine Kontextualisierung nur im Gespräch mit und aus der Tradition heraus geschehen kann, wie es exemplarisch Moynagh formuliert: »Ingredients from the church's tradition should be blended with aspects of the context to create a distinctive pattern of worship.«[16]

In meinem Beitrag will ich gar nicht beurteilen, ob diese Kritik an FreshX angemessen ist oder nicht, denn das verstrickt nur in Deutungs-

---

interessanten Einblick in die Situation der Niederlande gibt Härtner, Achim, Vom Herrschen zum Dienen. Entdeckungen auf dem Weg einer Neuorientierung der Protestantischen Kirche in den Niederlanden, in: Barthel, Jörg u. a. (Hrsg.), Soziale Arbeit – Diakonie – Seelsorge (Theologie für die Praxis 47), Leipzig 2022, 39–60. Härtner merkt interessanterweise an, dass die Fragen nach der Bedeutung von Ritualen, wie Abendmahl und Gottesdienst, innerhalb vieler FreshExpressions ungeklärt ist (vgl. ebd., 53). Für die hier relevanten Rituale finden sich Beispiele vor allem in Potter, Phil/Mobsby, Ian (Hrsg.), Doorways to the Sacred, Developing Sacramentality in Fresh Expressions of Church, Norwich 2017.

[13] Durchsucht man die digitale Fassung von Moynagh, Church for Every Context nach dem Ritualbegriff, findet man nur wenige Treffer und einige davon lediglich im Rahmen historischer Notizen.

[14] Im Nachwort zu »Doorways to the Sacred« schreibt ders.: »The sacraments are essential to the Church not as strange rituals that must be added in, but as aspects of the Church's life that belong to the very nature, the relational nature, of the Church.« (Kindle-Pos. 3054–3056) Anders klingt es, wenn Moynagh fordert: »fostering community-building rituals – ways of doing things that are particular to the community and give energy« (ebd., Pos. 8241).

[15] Vgl. Zusammenfassungen der Kritik an der FreshX-Bewegung in Müller, Fresh Expressions, 99–102; Geilhufe, Kritik und, 312; Aldous, Benjamin, »Liturgy emerges from a wound«, in: International Review of Mission 110 (2021) 1, 41–54, hier 51. Und Moynagh erkennt auch an, dass es Traditionsfeindlichkeit innerhalb einigen *Emerging Churches* gibt (vgl. Moynagh, Church for Every Context, Pos. 9649).

[16] Ebd., Pos. 9682.

machtkonflikte, die nicht zuletzt kirchenpolitisch motiviert sein dürften. Vor allem will ich Vertreter:innen der FreshX kein bloßes Lippenbekenntnis unterstellen, wenn sie ihre Verpflichtung gegenüber der Tradition äußern. Aber ich will zwei analytische Thesen wagen; dass *erstens* Rituale bei aller Fokussierung auf das Frische und Neue in der Suche nach neuen Ausdrucksformen weiterhin eine zentrale Rolle spielen. Exemplarisch sei das an drei Beispielen veranschaulicht. Der Ablauf einer *KircheKunterbunt* – von der durchgestalteten Begrüßung, über die Workshops und das Feiern bis hin zum Konfetti-Segen als Abschluss – ist ein neu gestaltetes Ritual mit einem eigenen Spannungsbogen. Im *Netzkloster* – einer FreshX der Evangelisch-methodistischen Kirche in der Schweiz – formte sich digital und analog eine Gemeinschaft, die im Medium der Meditation eigene Spiritualität und Gott neu entdecken will.[17] In Basel im *Sonntagszimmer* und im *Mitenand-Gottesdienst* ist gar der ganze Tag als Ritual durchgestaltet: mehrere Mahlzeiten zu festen Zeiten mit entsprechenden Gebeten. Der Gottesdienst abends wird zwar dezidiert vom »traditionellen Gemeindegottesdienst«[18] abgesetzt. Dennoch enthält auch dieser Gottesdienst sich wiederholende rituell-dramaturgische Elemente wie Theaterszenen und ein OpenMic für Fürbitten. In der *Reflexion* neuer Ausdrucksformen wird immer wieder der Abstand zu überkommenen Formen betont. Es droht in den Hintergrund zu rücken, dass bei der Suche nach neuen Ausdrucksformen zugleich neue Rituale geschaffen werden. Der *zweite* Teil meiner These ist daher, dass die Fabrikation neuer religiöser Ausdrucksformen selten als *ritualgestalterische Tätigkeit* wahrgenommen wird.

Durch einen ritualtheoretisch informierten praktisch-theologischen Blick auf die FreshX-Bewegung möchte ich versuchen, eine andere Perspektive einzuspielen. Durch diese Brille zeigt sich hoffentlich etwas anderes, vielleicht Neues: dass und inwiefern nämlich die Suche nach neuen Ausdrucksformen von Kirche *auch* im Designen neuer Rituale besteht. Das Gespräch zwischen FreshX und Ritualtheorie verstehe ich als einen Beitrag zur umgreifenden Frage, wie sich stimmige Rituale für eine Kirche der Zukunft gestalten lassen. Denn die Kirche der Zukunft braucht stimmig designte Rituale, um Menschen mit Gott in Berührung zu bringen.

---

[17] Vgl. die Online-Präsenz des Netzklosters, online unter: www.netzkloster.ch (Stand 06.03.2024).
[18] Mang, Thawm, Sonntagszimmer und Mitenand-Gottesdienst. Die Matthäuskirche in Basel öffnet ihre Türen, in: PrTh 53 (2018), 21–23, hier 21.

Zunächst werde ich ein antidualistisches Ritualverständnis skizzieren, das es erlaubt, Rituale als eigene *dynamische* Praxisform zu denken (vgl. 2.1–2.2.). Denn es gilt zu vermeiden, dass Rituale einseitig als stabilisierend-starre Gebilde betrachtet werden. Solch ein Ritualverständnis ist mit der kontextuellen Theologie der FreshX-Bewegung kompatibel. Zweitens will ich herausarbeiten, dass das Gestalten von Ritualen nicht nur irgendeine Tätigkeit ist wie jede andere – sagen wir: einen Nagel in die Wand zu hauen, einkaufen zu gehen oder Fahrrad zu fahren. Wer Rituale gestaltet, der gestaltet komplexe ästhetische Formen. Wer Rituale gestaltet, der designt etwas (vgl. 2.2.2.). Und dieses Design hat nie nur etwas mit Ästhetik, sondern auch mit Ethik zu tun (vgl. 3.). Denn in der Beurteilung der Passung von rituellen Designs werden Geltungsansprüche artikuliert. Im FreshX-Diskurs wird – wie andernorts auch – diskutiert, welche Kriterien die gestalterische Arbeit anleiten sollen. Rituale sollen passend (»apt«[19]), authentisch[20] oder kohärent (»coherence«[21]) sein. Doch was ist mit diesen Kriterien gemeint? Ich werde dafür votieren, Stimmigkeit als komplexe hermeneutische Kategorie auszuarbeiten, wodurch diese Kriterien an Kontur gewinnen. Zum Schluss werde ich praktisch-theologische Konsequenzen der ritualtheoretisch-liturgischen Vorüberlegungen ziehen und einerseits überlegen, welche Kompetenzen in der Gestaltung neuer ritueller Ausdrucksformen notwendig sind (vgl. 4.). Andererseits haben die vorgetragenen Gedanken auch konstruktive Implikationen für das pastoraltheologische Selbstverständnis der Pastor:innen (5.).

---

[19] Cray, Graham, Doors to the Sacred through Fresh Expressions of Church, in: Potter/Mobsby (Hrsg.), Doorways to the Sacred, Pos. 264–497, hier Pos. 360.
[20] Humber, Reagan, Developing a Sacramentality at the House for All Saints and Sinners, Denver Colorado, in: Potter/Mobsby (Hrsg.), Doorways to the Sacred, Pos. 937–1084, hier Pos 1069; Moynagh, Church for Every Context, Pos 9594. Vgl. zur Authentizität im Gottesdienst Wiesinger, Christoph, Gottesdienst und Authentizität, in: ZThK 119 (2022) 1, 87–105.
[21] Moynagh, Church for Every Context, Pos. 9725–9754.

Sterben Rituale und die Ritualtheorie aus? Ritualdynamik und Ritualdesign

Rituale sind (un-)dynamisch?!

Wenn wir im umgangssprachlichen Zusammenhang den Begriff des Rituals hören, dann rufen viele ein Vorverständnis ab, demzufolge Rituale formstabile angestaubte Traditionen sind. Vielleicht denken wir im Anflug eines Exotismus an – im schlimmsten Falle als primitiv angesehene – Rituale anderer Kulturen oder wir denken an alte religiöse Traditionen. Und so verwundert es nicht, dass auch Theolog:innen der Ritualtheorie den Abschied geben wollten. Exemplarisch hierfür kann der praktische Theologe Thomas Klie angeführt werden, der argumentierte, dass die vielfältige, fluide, individualisierte Kultur unserer Zeit den Ritualbegriff und die dahinterstehenden Theorien sprenge.[22]

Klie hat zwar durchaus richtig gesehen, dass innerprotestantisch nur einseitig bestimmte Ritualtheorien rezipiert wurden (v. a. Victor Turner). Doch mit einem Abschied macht man es sich zu leicht. Denn die Rituale als Praxisphänomen existieren an unterschiedlichsten Orten weiter – im Bereich des Urlaubs, des Sports oder als Rituale angesichts gesellschaftlicher Katastrophen.[23] Und man macht es sich zu leicht, weil die Ritualtheorie ihrerseits nicht bei tribal-ethnologischen Konzeptionen stehen bleiben muss und faktisch dabei nicht stehen geblieben ist.

Ritualdynamik – Ritualverständnis und die dynamischen Felder

Basierend auf empirischen Untersuchungen neuer und historischer Rituale in einem Sonderforschungsbereich an der Universität Heidelberg[24] und auch von Paul Post[25] wurden die von Klie angemerkten kulturellen Veränderungen näher analysiert und in eine ganz andere Ritualkonzeption integriert. Rituale sind und waren nie nur invariabel, sondern immer

---

[22] Vgl. Klie, Thomas, Vom Ritual zum Ritus. Ritologische Schneisen im liturgischen Dickicht, in: BThZ (2009) 26, 96–107.

[23] Vgl. das kleine Panorama gegenwärtiger Rituale in Post, Paul, Ein Panorama der Ritualdynamik. Bereiche und Trends, in: Wagner-Rau/Handke (Hrsg.), Provozierte Kasualpraxis, 21–43, hier 22–29.

[24] Vgl. exemplarisch die Schriftenreihe Forum Ritualdynamik des SFB 619 online unter: https://journals.ub.uni-heidelberg.de/index.php/ritualdynamik/index (Stand 06.03.2024).

[25] Vgl. Post, Panorama.

schon *dynamisch*. Aus Innovation und Tradition, aus Stabilisierung und Transformation dürfen also keine unvereinbaren Gegensätze gemacht werden, sondern sie sind Extrempole eines spannungsvollen Kontinuums. Auf diesem Kontinuum lassen sich gegenwärtige Rituale verorten.

Rituale – umreissende Aspekte einer Familie disparater Phänomene

Doch bevor ich diese Dynamik von Ritualen weiter präzisiere, ist zu klären, was welches Arbeitsverständnis ich meinem Ritualverständnis zugrunde lege. Denn Rituale allein negativ zu bestimmen; dass sie nicht auf Wiederholung oder Stabilisierung reduzierbar sind, ist zu wenig. Im schlimmsten Fall ist dann alles Ritual. Gleichzeitig ist beim Bestimmungsvorgang Vorsicht geboten, denn präzise Definitionen großer Gegenstandsbegriffe sind unmöglich und durchaus problematisch.[26] Daher will ich keine Definition formulieren, sondern einige weit verbreitete Aspekte von Ritualen anführen. Diese Aspekte verstehen sich aber als an den Rändern ausgefranst, sodass Übergänge zu Alltagsritualen oder ritual-ähnliche Aktivitäten denkbar sind, zu denen es je auch Familienähnlichkeiten geben kann.[27]

- *Verkörperung:* Rituale sind multimediale Aufführungen (Gestik, Sprache, Musik, Tanz, Bild), die einen dramatischen Spannungsbogen haben. Dies rückt Rituale in die Nähe des Theaters.[28] Auch Rituale

---

[26] Diese Definitionsprobleme kehren in allen Bereichen wieder. Auch Musik, Religion oder Kultur lassen sich als Gegenstandsbegriffe nicht über notwendige und hinreichende Kriterien und also polythetisch erschöpfend definieren. Hier werden daher nur einige Aspekte vorgetragen, die Rituale auszeichnen, die keinesfalls als strenge Definition missverstanden werden wollen. Vgl. besonders kritisch zur Definitionsfrage dieser Großbegriffe Bergunder, Michael, Was ist Religion? Kulturwissenschaftliche Überlegungen zum Gegenstand der Religionswissenschaft, in: ZfR 19 (2012), 3–55. Zur Parallele von Religions- und Ritualterminologie vgl. Stausberg, Michael, Ritualtheorie und Religionstheorie, in: Harth, Dietrich/Jasper Schenk, Gerrit (Hrsg.), Ritualdynamik. Kulturübergreifende Studien zur Theorie und Geschichte rituellen Handelns, Heidelberg 2004, 29–48.

[27] Vgl. zur hier vertretenen Definition die großen Übereinstimmungen mit Michaels, Axel, Zur Dynamik von Ritualkomplexen, in: Forum Ritualdynamik 3 (2003), 1–12, hier 2–6 und Post, Panorama, 29–32. Im Hintergrund steht v. a. auch die Arbeit von Bell, Catherine M., Ritual Theory, Ritual Practice, New York 2009.

[28] Grundlegend hierzu Fischer-Lichte, Erika, Ästhetik des Performativen, Frankfurt am Main 2004.

haben Skripte als Vorlage, die aufgeführt werden. Exemplarisch können hierfür kirchliche Agenden angeführt werden.
- *Formalisierung:* Rituale sind in unterschiedlichem Maße formalisiert, d. h. sie basieren auf Formen, die sich eingespielt haben; im Zweifel eben Versatzstücken, die neu kombiniert werden können.
- *Framing:* Rituale sind in der Regel gerahmt und als solche abgetrennt von anderen Praxiszusammenhängen.[29]
- *Transformation und Wirksamkeit:* Rituale können Wirklichkeit verändern. Sie sind also nicht nur ein Reden über die Wirklichkeit, bilden diese nicht nur ab. Rituale sind performativ. Menschen werden in liturgischen Handlungen gesegnet, gesalbt, getauft, Menschen wird Vergebung zugesprochen.
- *Überhöhung, Sakralität und symbolische Bedeutsamkeiten:* Viele Rituale haben einen Transzendenzbezug, stellen das Heilige dar, deuten große Fragen der Menschen. Exemplarisch wird dies an gottesdienstlichen Grundvollzügen: Dort wird Gott als personales Gegenüber angesprochen, von Gott wird gesungen, Welt kommt als Schöpfung in den Blick usw.

Tägliches Zähneputzen ist als alltagsrituelle Tätigkeit davon zu unterscheiden. Aber schon beim Ablegen von Blumen und Kerzen als Zeichen des Mitgefühls nach Attentaten oder dem Aufstellen weiß angestrichener Fahrräder nach Verkehrsunfällen mit Todesfolge zeigt sich: Es gibt fließende Übergänge zwischen Ritualen zu ritualisierten Praktiken.

Rituale sind – wie die Forschung gezeigt hat – also nicht auf Wiederholungen reduzierbar, sondern auch veränderbar. Sie bilden nie nur Machtverhältnisse ab, sondern können sie transformieren. Rituale sind dynamisch. Wir Menschen haben die Freiheit, uns reflexiv zu den Formen zu verhalten und Rituale also zu kritisieren und zu verändern. Diese Dynamik lässt sich in drei Hinsichten ausbuchstabieren.[30]

---

[29] Vgl. den soziologischen Klassiker von Goffman, Erving, Frame Analysis. An Essay on the Organization of Experience, New York 1974.
[30] Vgl. Harth, Dietrich/Michaels, Axel: Ritualdynamik, in: Brosius, Christiane/Schrode, Paula u. a. (Hrsg.), Ritual und Ritualdynamik. Schlüsselbegriffe, Theorien. Diskussionen, Göttingen/Bristol 2013, 123–128; Michaels, Axel u. Harth, Dietrich, Grundlagen des SFB 619 Ritualdynamik. Soziokulturelle Prozesse in historischer und kulturvergleichender Perspektive, in: Forum Ritualdynamik 1 (2003).

- *Geschichtsdynamik:* Rituale stehen immer in einer Spannung aus Altem und Neuem. Möglicherweise findet auch ein Transfer aus anderen kulturellen Kontexten statt (als Kontextualisierung bzw. Inkulturation).
- *Soziodynamik:* Jede Aufführung steht in einer Spannung von Priester:innen und Lai:innen und einer Spannung von Individuum und dessen Subsumierung in ein Kollektiv. Der Status von Menschen kann sich durch Rituale verändern.
- *Strukturdynamik:* Schließlich besteht eine Dynamik zwischen Inszenierungsvorlage und ihrer je unterschiedlichen Aufführung; sowie eine Spannung zwischen Ordnung und deren Durchbrechung.

Diese Dynamik war zu allen Zeiten existent und ist insbesondere in der Gegenwart beobachtbar, wie Dietrich Harth und Axel Michaels pointiert formulieren:

> In der globalen Erlebnisgesellschaft werden Rituale wiederentdeckt und neu erfunden, kombiniert man alte mit neuen Handlungsmustern oder importiert sie aus anderen Kulturen. Rituale sollen, wie man immer wieder hört, die Funktion haben, Handlungsalternativen auszuschließen bzw. Kontingenz und Freiheit zu reduzieren. Die neuen Forschungen bestätigen das nicht, da sie zeigen, in welch kreativer Weise rituelles Handeln über die ihm zugeschriebenen symbolischen Bedeutungen zur Sinnstiftung im sozialen Beziehungsfeld beitragen kann.[31]

Arbeit an neuen Ritualen als Praxisform des Designens

Rituale sind also mitnichten verschwunden. Vielmehr besteht religiös Praxis weiterhin auch aus Ritualen. Nur sind diese Rituale – gerade wenn sie *Fresh Expressions* sind – veränderbar und gestaltbar. Wenn sich Lai:innen und Pastor:innen in Gruppen oder allein an der Gestaltung von Ritualen versuchen – was machen sie dann?

Im Zuge des *performative turn* – also der Entdeckung, dass Sprache und andere mediale Verkörperungen Wirklichkeit nicht nur abbilden, sondern verändern können – wurden der Gottesdienst[32], die Predigt[33]

---

[31] Harth/Michaels, Ritualdynamik, 125–126.
[32] Plüss, David, Gottesdienst als Textinszenierung. Perspektiven einer performativen Ästhetik des Gottesdienstes (ChrKu 7), Zürich 2007; Roth, Ursula, Die Theatralität des Gottesdienstes (PThK 18), Gütersloh 2006.
[33] Nicol, Martin, Einander ins Bild setzen. Dramaturgische Homiletik, Göttingen ²2005.

und Rituale[34] in die Nähe der Künste gerückt. Wer Predigten schreibt, ist Künstler:in, sitzt also im Atelier?! Gottesdienst gleicht Theateraufführungen. Jüngst kommen indes vermehrt die Aporien dieser Analogie zutage, mindestens in zwei Hinsichten: Erstens ist es eine Überforderung für die Vorbereiter:innen. Ritual- und Predigtgestaltung sind eben häufig Arbeit an gegebenen Formen und damit Re-Design, Anpassung und nicht der geniale Wurf eines Künstlers oder einer Künstlerin.[35] Zweitens will Kirche mit ihren rituellen Angeboten etwas erreichen. Gerade im Kontext des Gemeindeaufbaus soll durch Gottesdienste Evangelisation geschehen,[36] will man auf die Formierung von Jünger:innen hinwirken. Man will Menschen mit Gott in Berührung bringen, von etwas überzeugen, ohne freilich in Machbarkeitsphantasien abzudriften.

Ein Verständnis der *Ritualgestaltung als Design* ermöglicht, die Ästhetiktheorie religiösen Handelns zu nuancieren bzw. zu ergänzen.[37] Rituelle Ästhetik ist nicht nur Kunst, sondern Design lässt sich von künstlerischen und naturästhetischen Praxisformen als eigene Form unterscheiden. Zwischen dem Betrachten eines Gemäldes, dem Flanieren durch den Herbstwald und dem Nutzen eines Designer-Stuhles ist zu unterscheiden. Das entscheidende Differenzkriterium ist, dass beim Designen konkrete Funktionen erzielt werden sollen (eine Website soll nicht nur gut aussehen, sie soll auch gut nutzbar sein – im Unterschied zum Bild oder

---

[34] Wulf, Christoph/Zirfas, Jörg, Performative Welten. Einführung in die historischen, systematischen und methodischen Dimensionen des Rituals, in: dies. (Hrsg.), Die Kultur des Rituals. Inszenierungen, Praktiken, Symbole, München 2004, 7–45.

[35] Damit ist nicht gesagt, dass nicht die Kunst immer auch Muster aufweist und an soziale Kontexte rückgebunden ist. Eine romantische Übersteigerung von künstlerischer Genialität wird hier nicht vertreten. Aber Künstler:innen bleiben doch Ausnahmetalente im Unterschied zu Designer:innen, deren Beruf und Arbeitsvorgang (Designen) sich weit verbreitet hat. Die Abgrenzung kann dabei nie eine absolute sein. Zwischen Kunst und Design bestehen Übergänge.

[36] Gegenüber einer vorschnellen Verzweckung des Gottesdienstes ist allerdings zu warnen, wie Schleiermacher durch die Unterscheidung von instrumentellem und darstellendem Handeln zurecht argumentiert hat. Diesbezüglich bleibt der Kunstcharakter des Gottesdienstes relevant.

[37] Vgl. ausführlich Bühler, Maximilian: Erzählen und Gestalten. Formen und Funktionen gegenwärtiger Bestattungsgespräche (APrTh 92), Leipzig 2023, 365–399. In eine ähnliche Richtung – an die Unterscheidung von Kunst und Kunsthandwerk anknüpfend – weisen die Überlegungen von Fechtner, Kristian, Predigt und Gottesdienst als Kunsthandwerk. Eine Anregung, in: ders./Friedrichs, Lutz (Hrsg.), Normalfall Sonntagsgottesdienst?, 147–155.

einer Naturerfahrung beim Wandern). Dabei gilt aber nicht das Gesetz *form follows function*. So, als sei die Form sekundär und nur äußerliche Zierde. Als ließe sich das Evangelium in eine beliebige Form gießen, ohne sich zu verändern. Rituale zu designen, bedeutet vielmehr eine »jeweils spezifische Erarbeitung[] der Funktion im Medium von Prozessen der Formgebung«[38]. Diese Design-Prozesse folgen einer improvisatorischen Logik,[39] bei der auf Basis von Vorlagen und bestehenden traditionellen Versatzstücken etwas erarbeitet wird, statt einen genialischen Entwurf eines singulären Kunstwerks zu versuchen. Designpraxis beschreibt m. E. passend, vor welcher Herausforderung Pastor:innen stehen, wenn sie neue Rituale für neue Kontexte entwerfen.

Stimmigkeit als ästhetisch-liturgisches Kriterium

Rituale verschwinden auch aus FreshX-Projekten oder der Kirche im Allgemeinen nicht. Denn Rituale sind eine religiöse Praxis, in der sich ein zeit-räumliches Fenster öffnet,[40] in dessen Rahmen Menschen Gott (potentiell) begegnen können. Rituale vermögen dies, weil in den multimedialen und formstarken Aufführungen aus Sprache, Gestik, Musik und Tanz ein performativ wirkmächtiges Drama aufgeführt wird, in das die Menschen mit ihrer Geschichte hineingezogen werden, um sich verändern zu lassen. Rituale vermögen dies, weil sie durch Raum- und Aufführungsgestalt alle Sinne ansprechen und durch ihre Form eine Struktur schaffen, in die Menschen sich fallen lassen können. Vermittelt durch Gebet, Gesang oder Tanz kann Gott zur Welt kommen und die Anwesenden ihrerseits können zu ihm sprechen.[41] John Wesley hat diese missionale Dimension des Abendmahls als Ritual (neben bspw. evangelisatorischer

---

[38] Feige, Daniel Martin, Design. Eine philosophische Analyse, Frankfurt am Main 2018, 132.
[39] Hier gibt es interessante Berührungspunkte im Selbstverständnis der FreshX-Bewegung und der Design-Philosophie. Vgl. ebd., 146–155 und Müller, Fresh Expressions, 184–185.
[40] Vgl. zu dieser Terminologie des Gottesdienstes als Erfahrungsraum ähnlich ebd., 229–230. Vgl. auch zur Erkenntnis der Performativität des Non-verbalen in der FreshX bei Cray, Doors to the Sacred, Pos. 369.
[41] Es sei an Luthers Torgauer Formel erinnert, dass Gott mit uns spricht und wir mit ihm.

Predigt) gesehen, wenn er dieses als »converting ordinance«[42] bezeichnet hat; eine Ordnung, die Hinwendung zu Christus bewirken kann und eben nicht den Glauben schon voraussetzt. In der Gegenwart leisten Rituale dies indes nicht mehr selbstverständlich. Wenn Rituale diese Funktion weiterhin erfüllen sollen, müssen sie stimmig sein, sie müssen in unsere Zeit, ja in den jeweiligen Kontext passen. Sie müssen mit ästhetischen Vorstellungen und Erfahrungen der Menschen resonieren. Das wurde in der FreshX-Bewegung zurecht erkannt. Glaube muss in ihnen authentisch bzw. kohärent artikuliert und also anschlussfähig an die Lebenswelt sein. Doch was sollen diese Kriterien aussagen? Wann ist ein Ritual (un-)stimmig?

Stimmig ist ein Ritual – in Anschluss an die Stimmigkeitstheorie von Jung/Schlette – erstens, wenn in einem Ritual die unterschiedlichen medialen Ausdrucksformen in sich und zueinander stimmig sind. D. h. die sinnlichen Seiten von Sprache, Musik, Gestik, Mimik usw. müssen passen zu dem, was darin an Sinn zum Ausdruck kommt. Eine traurige Melodie nach einer Predigt über die Freude wird unstimmig. Zweitens muss sich diese Stimmigkeit intersubjektiv erweisen. Ein Ritual ist daher nur dann stimmig, wenn es bewillkommend ist und also der Ausdrucksweise des Gegenübers offen entgegentritt und sich auf diese bezieht. Stimmigkeit muss sich interaktiv einstellen. Schließlich – drittens – braucht es eine vertikale Resonanz mit transsituativen Orientierungsmustern. Erst wenn also die Ausdrucksformen in den Horizont theologisch-weltanschaulicher Deutungen gerückt werden,[43] verstehen sich Menschen wirklich auf ihr Leben, ja wird der artikulierte Sinn transsituativ stimmig bleiben. Wird in einem Ritual das Thema Tod und Sterben aufgegriffen, dann wird in der verkörperten rituellen Praxis immer auch auf traditionelle Muster rekurriert.

---

[42] Vgl. den Eintrag John Wesleys vom 27. Juni 1740, online nachlesbar unter https://www.umcdiscipleship.org/blog/world-communion-sunday-2013-and-communion-as-converting-ordinance (Stand: 06.03.2024); vgl. Maddox, Randy L., Responsible Grace. John Wesley's Practical Theology, Nashville, Tenn. 1994, 219–221 und Runyon, Theodore, Die neue Schöpfung. John Wesleys Theologie heute, Göttingen 2005, 150, der vom bekehrenden Gnadenmittel spricht.

[43] In der FreshX wird das als »narrative framework« (Moynagh, Church for Every Context, pos. 9570) angesehen bzw. es wird gemahnt, dass die Kontextualisierung keinen Ausverkauf eigener Überzeugungen bedeuten darf (vgl. ebd., Pos. 9720–9750).

Diese drei Stimmigkeitsdimensionen müssen gemeinsam im Verständnis liturgischer Stimmigkeit Berücksichtigung finden. Damit ist Stimmigkeit mehr als das flüchtige Ereignis von Authentizität[44] (vor allem mehr als bloß echter Selbstausdruck) und sie ist mehr als semantische Kohärenz oder Konsonanz. Eine so verstandene Stimmigkeit ist auch kein Ausverkauf an den Zeitgeist, weil sie die Stimmigkeit zu eigenen Überzeugungen und theologischen Traditionen einschließt. Dieses Ringen um Stimmigkeit ist eine ästhetische und darin auch eine ethische Frage. Ansprüche auf Passung zu erheben, bedeutet Macht- und Geltungsansprüche zu formulieren. Ob Texte, Lieder oder Raumgestaltung (un-)stimmig sind, entspringt gerade der interaktiv auszuhandelnden Wahrnehmung des Einzelnen, die jeweils auch im Horizont umgreifender theologischer Deutungen gerückt werden. Wenn Pastor:innen in Zusammenarbeit mit ehrenamtlichen Teams neue Rituale gestalten, begeben sie sich auf einen gestalterischen Weg, auf dem sie entscheiden müssen, welche Form sie wählen oder verwerfen. Wer entscheidet dann über (Un-)Stimmigkeit? Wer hat dabei welche Macht? Welche medialen Prägnanzformen zeichnet welche Macht zur (Un-)Eindeutigkeit aus?[45]

Praktisch-theologische Konsequenzen für Ritualpraxis und Ausbildung

Das skizzierte Verständnis eines auf Stimmigkeit zielenden Ritualdesignens hat Konsequenzen für die praktische Suche nach neuen rituellen Ausdrucksformen und die dazu nötigen Kompetenzen.

1. Die *Komplexität gegenwärtigen Ritualdesignens* ist wahrzunehmen: Das klingt zunächst banal. In einer FreshX kann nicht mehr ohne Weiteres Gottesdienst nach Agende gefeiert und das Überkommene einfach

---

44 Bei Wiesinger ist Authentizität zurecht als Ereigniseffekt beschrieben, der aus der Spannung von Ordnung und Heterotopie entsteht (Wiesinger, Gottesdienst und Authentizität, 103). Wiesingers Ausführungen sind also eine Warnung gegen das Missverständnis, Stimmigkeit ließe sich einfach machen. Diese ist kommunikatives Emergenzphänomen, wie auch Authentizität sich nicht machen lässt.

45 Hier beziehe ich mich auf das deutungsmachttheoretische Konzept, entwickelt von Stoellger, Philipp, Deutungsmachtanalyse. Zur Einleitung in ein Konzept zwischen Hermeneutik und Diskursanalyse, in: ders. (Hrsg.), Deutungsmacht. Religion und *belief systems* in Deutungsmachtkonflikten (HUTh 63), Tübingen 2014, 1-85.

wiederholt werden. Es gilt, einen Pfad zwischen Labilisierung und Stabilisierung zu beschreiten. Die Labilisierung bezahlt man konkret mit »kulturökonomischen« Kosten[46]: Mit gezielten Veränderungen opfert man Zeit, Energie, Sicherheit und Vertrautheit. Deshalb ist bei Designs auch abzuwägen, wo Veränderungen notwendig, sinnvoll und verantwortbar sind.[47] Als Beispiel kann man auf das Zeitfenster in Aachen verweisen. Dort wird versucht, einen »Gottesdienst zu gestalten, der »ins Heute passt und berührt.«[48]: Der Aufwand ist so hoch, dass nur ein großes »offenes Redaktionsteam« es leisten kann. Rund 40 Mitarbeitende sind pro Gottesdienst beteiligt: in der Entwicklung eigener Präsentationen, der Dekoration des Raumes oder dem Plakatentwurf für die Werbung.[49] Es sei alles ein »kreative[r] Prozess«[50].

2. Dieser Pfad zwischen Labilisierung und Stabilisierung folgt einer *Improvisationslogik* des rituellen Designens. Die Improvisationspraxis rituellen Gestaltens erfordert spezifische Kompetenzen. Es wird – um in der Metapher zu bleiben – ein flexibler Umgang mit Akkordfolgen und motivischen Versatzstücken gefordert, die situativ neu zusammengesetzt und verändert werden. Konkretisiert am Zeitfenster in Aachen:[51] Es werden unterschiedliche Elemente aufgenommen: Lobpreis-Musik, klassisch religiöse Licht-Symbolik, offene Moderation ähnlich einer Fernsehshow,

---

46   Michaels, Dynamik von Ritualkomplexen, 8.
47   Es beinhaltet aber eben auch Chancen für Eingeweihte, das unhinterfragt Gültige hinterher bewusster zu tun und das Bedeutungslose der Tradition gezielt zu verändern. Es gab innerhalb der Ritualtheorie den Versuch Frits Staals, Rituale als bedeutungslose Wiederholung anzusehen. Das hat sich freilich nicht durchgesetzt. Es zeigt aber, dass Rituale – wenn sie sozusagen verstauben – tatsächlich nicht mehr zu den Menschen sprechen.
48   Vgl. die Infos zur Historie und aktuellen Situation in Hahmann, Ursula u. Maubach, Jürgen, Zeitfenster. Auf neue Art Kirche sein in der Aachener City, in: PrTh 53 1, 23–26 Außerdem die Online-Präsenz des Zeitfensters unter https://www.zeitfensteraachen.de/angebote/zeitfenster-gottesdienst/ (Stand: 06.03.2024), Zitate ebd.
49   Vgl. Hahmann/Maubach, Zeitfenster, 25.
50   Online-Präsenz Zeitfenster zum Gottesdienst (siehe Anm. 45).
51   Weiteres Beispiel ist die »Sanctuary Church«in Birmingham/UK. Dort werden unterschiedliche Motive aus asiatischen und westlichen Kulturen aufgenommen, verändert, mit neuen Elementen kombiniert. Ja, die Aufführung selbst ist auch eine Improvisation, weil z.B. der Meditationsblock nicht in gleicher Weise planbar ist wie eine klassische Predigt. Ich beziehe mich hier auf die Schilderungen in Baer-Henney, Fresh X, 125–129. Das wäre dann freilich in einer empirischen Untersuchung wissenschaftlich belastbar auszuarbeiten.

Nutzung der Atmosphäre eines traditionellen Sakralraumes, kombiniert mit Bar-Atmosphäre und ausgeleuchteten Limo-Flaschen. Beim OpenMic im Mitenand-Gottesdienst in Basel ist sogar die Aufführung selbst Improvisation, weil spontane Elemente nicht planbar sind wie eine schriftliche Predigt.

3. Zu dieser Kompetenz gehört auch – soweit erlernbar – ein *Sinn für Ästhetik*. Wie der Raum gestaltet ist, welche Atmosphäre durch Licht und Musik erzeugt wird, wie Menschen gekleidet sind usw. – all das wirkt auf die Performanz eines Rituals.[52] In FreshX-Sprech ausgedrückt, bedarf es einer Kontextualisierung und also einem Sinn für die Lebenswelten und ihre Stile. Nochmals übertragen auf das Beispiel »Zeitfenster« in Aachen: Dort fließt viel Energie in die Frage, welche rituellen Elemente in welcher Gestalt, in welcher formalen Zusammenstellung für die Kommenden auf den genannten Ebenen stimmig sind.

4. Heutiges Designen von Ritualen setzt die *Kompetenz zur Partizipation* voraus; und zwar bei der Vorbereitung, der Durchführung wie auch in der Auswertung. Wir leben in einer Kultur, in der die Grenzen von Expert:innen und Lai:innen durchlässiger werden.[53] Die Kooperation mit Ehrenamtlichen könnte Hauptamtliche auch vom Kreativitätsdruck entlasten, der allein auf ihren Schultern lasten könnte. Außerdem leben wir in einer Kultur, in der Designs nicht einfach fertige Produkte bzw. Ergebnisse darstellen, sondern in der Designs mit den Konsument:innen gemeinsam entworfen werden;[54] ja deren Beteiligung am Gottesdienst, deren Rückmeldung und Kritik ist zentral. Ritualkritik gilt es daher zu institutionalisieren. In der Mitenand-Kirche in Basel wirken 20 Leute in der Vorbereitung sowie durch Theater und OpenMic mit. Das »Zeitfenster«

---

52 Kritik an mangelnder ästhetischer Kompetenz in der Kirche hat zuletzt Philipp Stoellger geäußert: vgl. das Video »Im Gespräch: Dieter Mersch mit Philipp Stoellger«, online unter: https://www.youtube.com/watch?v=y1Z-rjPT7as (Stand: 06.03.2024).
53 Vgl. zu dieser neuen Durchlässigkeit zwischen Lai:innen und Expert:innen Reckwitz, Andreas, Die Gesellschaft der Singularitäten. Zum Strukturwandel der Moderne, Berlin ⁵2018, 168–169 Vgl. auch den interessanten Gedanken bei Härtner, Beteiligung als Gnadenmittel zu entdecken (Härtner, Vom Herrschen, 59–60).
54 Vgl. hierzu die phänomenologisch feinfühlige Analyse der Dienstleistungsinteraktion bei Küpers, Wendelin, Phänomenologie der Dienstleistungsqualität, Wiesbaden 1999. Legt man diese Gedanken diakonisch aus, muss aus diesen Beobachtungen zur Dienstleistung nicht gleich ein Gegensatz zur nichtökonomischen Logik kirchlicher Praxis gemacht werden.

hat sogar eine qualitative Befragung durchgeführt. Es wird explizit zum Mitmachen bei den Vorbereitungen aufgerufen.

5. Die *Formstabilität* bleibt insofern relevant, als wiedererkennbare rituelle Gestalten identitätsbildend wirken. Zudem ist in den tradierten Formen Sinn für stimmige Ästhetik aufbewahrt und schließlich geben klare Formen Sicherheit.[55] Die – gleichwohl dynamisch-flexible – Formstabilität erzeugt eine eigene Atmosphäre, in der Menschen Gott begegnen. Sie sichert Erwartbarkeit und/oder klare Leitung. Sie gibt Menschen das Gefühl, dass hier jemand weiß, was zu tun ist; gleichzeitig darf dies nicht zu dem Preis geschehen, dass bei Ritualfehlern Scham droht. KircheKunterbunt zehrt davon, dass die Veranstaltung »immer« einem bestimmten Muster folgt und bestimmte ritualisierte Elemente enthält. Dabei wird teilweise Altes (z. B. eine trinitarische Segensformel) und Neues (Konfetti-Kanone) kombiniert.[56] Haupt- und Ehrenamtliche orientieren diejenigen, die neu dazukommen, die Ritualität erzeugt also eine durch Formstabilität hergestellte Sicherheit. Gleichzeitig dürfen gerade Kinder die Ordnung durchbrechen, ohne dass es stört und damit ohne Stress für alle Beteiligten (Eltern wie Verantwortliche wie auch Kinder). Es ist also ein kompetenter Umgang mit tradiertem Gestalten erforderlich, der den Kontakt zur Lebenswelt wahrt[57] und mit unerfahrenem Agieren umzugehen vermag.

Pastor:innen als Ritualdesigner:innen?
Ein pastoraltheologischer Denkanstoss

Die Krise der Kirche ist eine Krise ihrer Rituale, sie ist aber auch eine Krise ihres hauptamtlichen Personals, das mehrheitlich die Inszenator:innen und Aufführer:innen der Rituale bildet. Nahezu alle Kirchen suchen händeringend Nachwuchs. Hochschulen brauchen heute eine gute

---

[55] Das meint mehr und anderes als das, was Moynagh (und andere) als grundlegenden Wert von Traditionen hochschätzen. Denn es geht hier gezielt um die vielfältigen Funktionen, die Rituale für eine christliche Praxis der Gegenwart haben.

[56] Vgl. hierzu https://www.kirche-kunterbunt.de/wp-content/uploads/2020/05/Konfettisegenkanone.pdf (Stand: 06.03.2024).

[57] Dass dabei auch Raum für das Fremde bleibt, ist selbstverständlich. Denn im Gottesdienst soll ja auch das sagbar werden, was die Menschen sich gerade nicht selbst sagen können; theologisch gesprochen das *verbum externum*.

Öffentlichkeitsarbeit, um Studienanwärter:innen das Theologiestudium schmackhaft zu machen. Es verwundert nicht, dass viele Kirchen in Deutschland Pfarrbild- oder Pastor:innenbild-Prozesse begonnen haben, um pastoraltheologisch auf die neuen Herausforderungen zu reagieren.[58]

Einmal priesterlicher Zeremonienmeister oder Liturgin zu werden, dürfte für Studienanwärter:innen nicht unbedingt attraktiv klingen. Doch entspricht das überhaupt dem, was Hauptamtliche tun? Sind Pastor:innen vielleicht inzwischen Ritualdesigner:innen, die stimmige multimediale rituelle Aufführungen gestalten und für eine gastliche Atmosphäre sorgen wollen und dürfen? Möglicherweise ist die Suche nach neuen *rituellen* Ausdrucksformen nicht allein ein Weg der kirchlichen Erneuerung, sondern auch Quelle eines neuen pastoraltheologischen Selbstverständnis: Pastor:innen als Designer:innen ästhetisch stimmiger Rituale, die neue rituelle Ausdrucksformen für eine neue Zeit entwerfen.

Literaturverzeichnis

Aldous, Benjamin: »Liturgy emerges from a wound«, in: International Review of Mission 110 (2021) 1, 41–54.

Baer-Henney, Sebastian: Fresh X – live erlebt. Wie Kirche auch sein kann, Gießen 2015.

Bell, Catherine M.: Ritual Theory, Ritual Practice, New York 2009.

Bergunder, Michael: Was ist Religion? Kulturwissenschaftliche Überlegungen zum Gegenstand der Religionswissenschaft, in: ZfR 19 (2012), 3–55.

Bühler, Maximilian: Erzählen und Gestalten. Formen und Funktionen gegenwärtiger Bestattungsgespräche (APrTh 92), Leipzig 2023.

Cray, Graham: Doors to the Sacred through Fresh Expressions of Church, in: Phil Potter/Ian Mobsby (Hrsg.), Doorways to the Sacred. Developing Sacramentality in Fresh Expressions of Church, Norwich 2017, Pos. 264–497.

Fechtner, Kristian: Predigt und Gottesdienst als Kunsthandwerk. Eine Anregung, in: ders./Lutz Friedrichs (Hrsg.), Normalfall Sonntagsgottesdienst? Gottesdienst und Sonntagskultur im Umbruch (PTHe 87), Stuttgart 2008, 147–155.

---

[58] Ein Zwischenstand des Pfarrbildprozesses in der Evangelischen Kirche in Baden ist dokumentiert in: Badische Pfarrvereinblätter 06/2022, online unter: https://epv-baden.de/wp-content/uploads/pfarrvereinsblatt_5-6-2022.pdf (Stand: 06.03.2024). Der Studientag Pastor:innenansichten an der THR am 26.09.2022 verweist auf ähnliche Entwicklungen in der Evangelisch-methodistischen Kirche. Die Pastoraltheologie hat in den letzten Jahren neu an Aufmerksamkeit gewonnen. Auch die Pastoraltheologie als Disziplin hat neue Aufmerksamkeit auf sich gezogen.

Ders.: Kasualien, in: Kristian Fechtner u. a. (Hrsg.), Praktische Theologie. Ein Lehrbuch, Stuttgart 2017, 57-80.

Feige, Daniel Martin: Design. Eine philosophische Analyse, Frankfurt am Main 2018.

Fischer-Lichte, Erika: Ästhetik des Performativen, Frankfurt am Main 2004.

Geilhufe, Justus: Kritik und Exzess. Missionale Theologie und missionarische Kirche zwischen Tradition und Aufbruch, in: MThZ 69 (2018), 305-313.

Goffman, Erving: Frame Analysis. An Essay on the Organization of Experience, New York 1974.

Hahmann, Ursula/Jürgen Maubach: Zeitfenster. Auf neue Art Kirche sein in der Aachener City, in: PrTh 53 1, 23-26.

Harth, Dietrich/Michaels, Axel: Ritualdynamik, in: Christiane Brosius/Paula Schrode/Axel Michaels (Hrsg.), Ritual und Ritualdynamik. Schlüsselbegriffe, Theorien. Diskussionen, Göttingen/Bristol 2013, 123-128.

Härtner, Achim: Vom Herrschen zum Dienen. Entdeckungen auf dem Weg einer Neuorientierung der Protestantischen Kirche in den Niederlanden, in: Jörg Barthel u. a. (Hrsg.), Soziale Arbeit - Diakonie - Seelsorge (Theologie für die Praxis 47), Leipzig 2022, 39-60.

Humber, Reagan: Developing a Sacramentality at the House for All Saints and Sinners, Denver Colorado, in: Phil Potter/Ian Mobsby (Hrsg.), Doorways to the Sacred. Developing Sacramentality in Fresh Expressions of Church, Norwich 2017, Pos. 937-1084.

Klie, Thomas: Vom Ritual zum Ritus. Ritologische Schneisen im liturgischen Dickicht, in: BThZ (2009) 26, 96-107.

Küpers, Wendelin: Phänomenologie der Dienstleistungsqualität, Wiesbaden 1999.

Lammer, Kerstin: Den Tod begreifen. Neue Wege in der Trauerbegleitung, Neukirchen-Vluyn [6]2013.

Maddox, Randy L.: Responsible Grace. John Wesley's Practical Theology, Nashville, Tenn. 1994.

Mang, Thawm: Sonntagszimmer und Mitenand-Gottesdienst. Die Matthäuskirche in Basel öffnet ihre Türen, in: PrTh 53 (2018), 21-23.

Michaels, Axel: Zur Dynamik von Ritualkomplexen, in: Forum Ritualdynamik 3 (2003), 1-12.

Ders., Harth, Dietrich: Grundlagen des SFB 619 Ritualdynamik. Soziokulturelle Prozesse in historischer und kulturvergleichender Perspektive, in: Forum Ritualdynamik 1 (2003).

Moynagh, Michael: Church for Every Context. An Introduction to Theology and Practice, London 2012.

Müller, Sabrina: Fresh Expressions of Church. Ekklesiologische Beobachtungen und Interpretationen einer neuen kirchlichen Bewegung, Zürich 2016.

Nicol, Martin: Einander ins Bild setzen. Dramaturgische Homiletik, Göttingen [2]2005.

Plüss, David: Gottesdienst als Textinszenierung. Perspektiven einer performativen Ästhetik des Gottesdienstes (ChrKu 7), Zürich 2007.

Post, Paul: Ein Panorama der Ritualdynamik. Bereiche und Trends, in: Ulrike Wagner-Rau/Emilia Handke (Hrsg.), Provozierte Kasualpraxis. Rituale in Bewegung (PrThe 166), Stuttgart 2019, 21-43.

Potter, Phil/Mobsby, Ian (Hrsg.): Doorways to the Sacred. Developing Sacramentality in Fresh Expressions of Church, Norwich 2017.

Reckwitz, Andreas: Die Gesellschaft der Singularitäten. Zum Strukturwandel der Moderne, Berlin ⁵2018.

Roth, Ursula: Die Theatralität des Gottesdienstes (PThK 18), Gütersloh 2006.

Runyon, Theodore: Die neue Schöpfung. John Wesleys Theologie heute, Göttingen 2005.

Scherle, Peter: Raus aus dem falschen Film! Wie die evangelische Kirche den gewaltigen Transformationen unserer Zeit begegnen sollte, in: Zeitzeichen online vom 02.05.2022 (Stand: 06.03.2024).

Stausberg, Michael: Ritualtheorie und Religionstheorie, in: Dietrich Harth/Gerrit Jasper Schenk (Hrsg.), Ritualdynamik. Kulturübergreifende Studien zur Theorie und Geschichte rituellen Handelns, Heidelberg 2004, 29-48.

Stoellger, Philipp: Deutungsmachtanalyse. Zur Einleitung in ein Konzept zwischen Hermeneutik und Diskursanalyse, in: Ders. (Hrsg.), Deutungsmacht. Religion und belief systems in Deutungsmachtkonflikten (HUTh 63), Tübingen 2014, 1-85.

Wiesinger, Christoph: Gottesdienst und Authentizität, in: ZThK 119 (2022) 1, 87-105.

Wulf, Christoph/Zirfas, Jörg: Performative Welten. Einführung in die historischen, systematischen und methodischen Dimensionen des Rituals, in: Christoph Wulf/Jörg Zirfas (Hrsg.), Die Kultur des Rituals. Inszenierungen, Praktiken, Symbole, München 2004, 7-45.

LIEBE – ODER LIEBER DOCH NICHT?
Zur Kritik des Jakobusbriefes an der paulinischen Soteriologie[1]

Christoph Schluep

»Jakobus ist mein Lieblingsbrief, weil ich sonst nicht wüsste, was ich zu tun habe« sagte im Sommer einer meiner Studenten, als wir in der Einführung ins Neue Testament den besagten Brief untersuchten. Das zweite Kapitel des Jakobusbriefes steht seit Martin Luthers Einschätzung als »stroherne Epistel«[2] unter dem Generalverdacht, die paulinische Rechtfertigungslehre unsachgemäß zu kritisieren und darum theologisch fraglich bis wertlos zu sein. Diese Einschätzung wird noch heute nicht selten geteilt, auch wenn die andere Seite des Spektrums heftig widerspricht.[3] Und doch hat die Aussage des Studenten meine Neugier geweckt: In welchem Verhältnis stehen die Ethik des Jakobus und die Gnadenlehre des Paulus? Sind sie vermittelbar? Solche Versuche gibt es durchaus, sie stellen sogar die Mehrheitsmeinung gegenwärtiger Forschung dar, indem sie sich bemühen, im Jakobusbrief nicht einen Angriff auf die Soteriologie von Paulus selbst, sondern auf eine banalisierende Fehlinterpretation dieser Theologie zu sehen.[4] Der Ausgangspunkt meines Nachdenkens

---

[1] Dieser Artikel ist die überarbeitete Version der Antrittsvorlesung des Autors an der Theologischen Hochschule Reutlingen am 27. Oktober 2022.
[2] Luthers Begründungen dazu in WA DB 8, S. 344.348.404; vgl. besonders WA DB 6, S. 10 zur Bewertung des Jakobusbriefes und WA DB 7, S. 386: »Ich [will] yhn (den Jakobusbrief) nicht haben ynn meyner Bibel.«
[3] Als Beispiel einer positiven Rezeption vgl. Dunn, James D. G.: Jesus, wie das Neue Testament ihn sieht. Deutsche Bibelgesellschaft 2020, S. 167 ff., insb. 170.
[4] Vgl. z. B. Bormann, Lukas: Theologie des Neuen Testaments, UTB 2017, S. 374 f. Schnelle, Udo: Einleitung in das Neue Testament, UTB 92017, S. 475; Wischmeyer, Oda: Polemik im Jakobusbrief. Formen, Gegenstände und Fronten, in: Polemik in der frühchristlichen Literatur. Texte und Kontexte. Hg. von O. Wischmeyer und L. Scornaienchi (BZNW 170), de Gruyter 2010, S. 375.

war der Versuch, diese Mittelposition zu analysieren und im Sinne der Friedensarbeit den Streit zwischen Jakobus und Paulus auf der einen und Luther und dem Kanon auf der anderen Seite beizulegen. Ein typisch schweizerisches Unternehmen, welches, wie viele helvetische Abenteuer, schon nach kurzer Reflexion zum Scheitern verurteilt war. Denn Jakobus will gar nicht vermittelt werden, er *will* Paulus kritisieren und das sich bildende Christentum definieren. Das Ziel dieses Vortrags ist es, dem Anliegen des Jakobus auf die Spur zu kommen und seine Konsequenzen in ethischer und spiritueller Hinsicht zu durchleuchten. Die Leitfrage lautet also: Steht die christliche Lebenspraxis der Nächstenliebe unter dem Vorzeichen des Wollens, Sollens oder Müssens?

I. Der Herrenbruder als Autor

In einem ersten Schritt möchte ich einen genaueren Blick auf die Identität des Briefautors werfen, weil es in diesem innerbiblischen Diskurs nicht gleichgültig ist, ob Jakobus, der Bruder des Herrn, den theologischen Schlagabtausch mit Paulus führt, oder ein nicht weiter zu bestimmender Autor, der sich die Autorität des hochgeschätzten Herrenbruders wie einen Mantel umhängt.

Bei der Identifizierung des Ἰάκωβς θεοῦ καὶ κυρίου Ἰησοῦ Χριστοῦ δοῦλος (Jak 1,1: Jakobus, Diener Gottes und des Herrn Jesus Christus) wurde schon zu Zeiten der Alten Kirche unter den fünf möglichen Jacobi des Neuen Testaments der Herrenbruder favorisiert, da drei andere Namensträger zu unbedeutend sind, um ohne weitere Angaben erkannt zu werden.[5] Jakobus der Ältere, der Zebedaide, kommt aus zeitlichen Gründen kaum in Frage, erlitt er doch bereits zu Beginn der 40er Jahre den Märtyrertod,[6] so dass der Brief unrealistisch früh datiert werden müsste. Es bleibt nur Jakobus, der Sohn des Josef und der Maria, der älteste Bruder Jesu, und das fügt sich bestens mit dem Fehlen weiterer Identitätshinweise, denn nur der Herrenbruder kann sich schlicht Jakobus nennen und trotzdem erkannt werden.[7] Er kam trotz seiner Ablehnung zu Leb-

---

5   Es handelt sich dabei um Jakobus, Sohn des Alphäus (Mk 3,18 par; Apg 1,13), Jakobus »den Kleinen« (Mk 15,40 par) und Jakobus, der Vater des Apostels Judas (Lk 6,16; Apg 1,13).

6   Apg 12,1ff.

7   Bauckham, Richard: Jesus and the Eyewitnesses. The Gospels As Eyewitness Testimony. William B. Eerdmans Publishing Co 2008, S.85, zeigt auf, dass Jakobus auf

zeiten Jesu (Mk 3,20) nach dessen Auferweckung durch eine Erscheinung zum Glauben (1 Kor 15,7) und übernahm nach dem Tod des eben genannten Jakobus, Sohn des Zebedäus (42 n. Chr.), und der Flucht von Petrus aus Jerusalem die Leitung der Urgemeinde,[8] die er bis zu seinem eigenen Märtyrertod innehatte. In dieser Funktion genoss er große Autorität, was durch seine herausragende Rolle im Apostelkonzil 48 n. Chr. in Jerusalem und im darauffolgenden Konflikt in Antiochia bestätigt wird.[9] Als im Jahr 62 anlässlich einer kurzen Vakanz im römischen Prokurat Judäa der sadduzäische Hohepriester Hannas II sich widerrechtlich das *ius poenae capitalis* aneignete (also das Recht, die Todesstrafe zu verhängen) und Jakobus hinrichten lassen wollte, forderten die Pharisäer seine Freilassung, allerdings erfolglos, und der Herrenbruder wurde gesteinigt.[10] Dieser unerwartete pharisäische Protest zeigt, wie hoch Jakobus aufgrund seiner anerkannten Gesetzestreue geschätzt wurde.[11] Alles in allem ist Jakobus also eine Figur, der man die Verfassung eines Briefes von apostolischer Autorität und Wirkung zutrauen darf. Man könnte sogar dahingehend argumentieren, dass es äußerst befremdlich wäre, ausgerechnet von dieser Leitfigur keinen Brief im Kanon zu finden.

Gegen eine solche Zuschreibung regt sich selbstverständlich seit langem Widerstand:[12] Zwar ist man sich einig, dass mit Jakobus der Herren-

---

Rang 11 der häufigsten Namen in Palästina zur Zeit Jesu war (dieser rangiert auf Platz 6, gleich hinter Johannes). Es gab der Jakobi also viele, und das Fehlen einer weiteren Identifikation sagt in diesem Fall bereits alles aus, zumal sich der Brief an eine wie auch immer geartete christliche Leserschaft richtet, der der Herrenbruder mit Sicherheit so bekannt war, dass er sich nicht weiter vorzustellen brauchte.

8   Apg 12,1 ff.
9   Apg 15,13 ff.; Gal 1,18f; 2,9.12 ff.
10 Josephus, Antiquitates 20, 200.
11 Sicherlich nicht zu Unrecht trägt er den Beinamen »der Gerechte« und aufgrund seiner vom vielen Beten verursachten Schwielen an den Knien auch den Spitznamen »das Kamel«.
12 Vgl. Allison, Dale C.: James, ICC, T&T Clark 2013, S. 3 ff., der die gesamte Literatur darstellt, dabei allen Argumenten zur Identität des Autors nachgeht und zum Schluss kommt, es handle sich nicht um den Herrenbruder (S. 31 f.). Die Ergebnisse der kritischen Forschung gleichen sich über weite Strecken, vgl. z. B. Schnelle, Einleitung, S. 462 ff.; Frankemölle, Hubert: Der Brief des Jakobus, ÖTK 17/1, Echter 1994, S. 45 ff. passim. Zu einem anderen Resultat gelangt Metzner, Rainer: Der Brief des Jakobus, ThHK Band 14, Evangelische Verlagsanstalt 2017, S. 10 f.: Er bezeichnet das Schreiben als »orthonym«, d. h. unter eigenem Namen verfasst, jedoch nicht vom Herrenbruder, sondern von einem weiterhin unbekannten Lehrer namens Jakobus. Für authentisch

bruder gemeint ist, allerdings handle es sich um ein Schreiben eines anonymen Autors im Namen und der erhofften Autorität des Herrenbruders, ein klassischer Fall also von Pseudepigraphie.[13] Begründet wird dies üblicherweise mit dem guten Griechisch des Briefes, dem Fehlen judenchristlicher Themen (Beschneidung, Gesetz, Reinheits-Halacha) und der relativ späten Aufnahme in den neutestamentlichen Kanon. Bei genauerer Betrachtung sind diese Argumente jedoch wenig stichhaltig: Die Annahme, dass Jakobus als Sohn eines galiläischen Bauhandwerkers sprachlich ungebildet sei, entbehrt jeglicher Grundlage. Und selbst wenn dies so wäre, hätte ihm als Leiter der großen Gemeinde im multikulturellen Jerusalem ohne Zweifel ein Sekretär zur Verfügung gestanden, der seine aramäisch oder hebräisch formulierten Gedanken in ein stilsicheres Griechisch zu übertragen gewusst hätte. Das Fehlen spezifisch judenchristlicher Themen wiederum ist ein unbegründetes *argumentum e silentio:* Jakobus verstand sich trotz seiner jüdischen Herkunft und lebenslangen Treue zum Gesetz als Christ und darf darum nicht einfach auf Themen der Auseinandersetzung mit dem Judentum reduziert werden.[14] Die späte Aufnahme in den Kanon schließlich hat mehr mit dem umstrittenen Inhalt als dem Verfasser zu tun. Jakobus präsentiert eine typisch weisheitliche Theologie gelingender Lebenspraxis, die sich traditionsgeschichtlich aus dem im Alten Testament verwurzelten (Früh)Judentum herleiten lässt, bei Jakobus aber christologisch begründet wird (Jak 1,1; 2,1; 5,7).[15] Solche Traditionen waren auch im Urchristentum in Jerusalem zweifelsohne

---

erachten den Brief z. B. Mussner, Franz: Der Jakobusbrief, HThK XIII/1, Herder ⁴1981, S. 1–8.237–240; Maier, Gerhard: Der Brief des Jakobus, THA, SCM Brockhaus ³2014, S. 33 ff.

[13] Oder besser: Deuterographie, weil in »pseudo« der Vorwurf der absichtlichen Täuschung und damit des Betrugs latent mitschwingt. Dies muss aber nicht zwangsläufig der Fall sein, dann nämlich nicht, wenn z. B. ein Schüler im Namen des Lehrers schreibt, dem er all seine Fähigkeiten verdankt, so dass er es weder als notwendig noch sich selbst als würdig erachtet, unter eigenem Namen zu schreiben. Die Pastoralbriefe scheinen ein typisches Beispiel für diesen Fall zu sein oder auch der Epheserbrief.

[14] Da der Brief kein Missionsschreiben für die Synagoge ist, sondern sich an die christliche Diaspora und damit an das mehrheitlich hellenistische Christentum richtet, das in weiten Teilen aus Heidenchristen bestand, würden spezifisch judenchristliche Themen ohnehin die Situation der Adressaten verfehlen.

[15] Zum weisheitlichen und lebenspragmatischen Charakter von Jak vgl. Luck, Ulrich: Die Theologie des Jakobusbriefes, in: ZThK 81 (1984), S. 1–30, hier S. 6.

verbreitet und fügen sich ins Bild einer jüdisch sozialisierten Persönlichkeit wie Jakobus. Alles in allem spricht also wenig bis nichts gegen eine Verfasserschaft des Herrenbruders. Will man den Brief nicht so früh ansetzen (vor 62, seinem Todesjahr), dann wäre der Vorschlag von Dunn zu bedenken, ihn als Sammlung von Lehren und Predigten zu verstehen, die *post mortem* als theologisches Vermächtnis zusammengestellt wurde.[16] Wie auch immer man die Verfasserfrage beantworten will, der Brief ist geschrieben als Zeugnis jakobinischer Theologie und damit eines jener raren Dokumente, die das palästinische Urchristentum repräsentieren, welches sich bald nach der Tempelzerstörung aufgelöst hat.[17]

2. Der Brief als Legat des Hermeneuten

Die Frage der Autorschaft führt zur nächsten Frage: Welche Art von Dokument ist der Jakobusbrief? Die unscharfe Adressierung (1,1: an die 12 Stämme in der Diaspora) und das Fehlen jeglicher Grüße oder Segenswünsche am Ende weisen darauf hin, dass es sich hier nicht um einen Brief in einer klassischen Kommunikationssituation handelt, sondern eher um ein Lehrschreiben an eine breitgefächerte, größtenteils unbekannte Adressatenschaft. Diese Vermutung wird durch den Aufbau des Briefes bestätigt: Zum einen sind die einzelnen Themenblöcke nur lose aneinandergereiht, so dass sich kein sichtbarer roter Faden ausmachen lässt, und zum anderen werden die einzelnen Abschnitte gerne mit einer direkten Leser:innenansprache als Gliederungselement eingeleitet (ἀδελφοί oder ἀδελφοί μου, sinngemäß mit »meine [lieben] Brüder und Schwestern« wiedergegeben (1,2; 2,1.14; 3,1; 5,7.12; 5,1: ihr Reichen), womit die losen Themen verbunden werden, wenn auch auf etwas monotone Weise.

Inhaltlich fällt auf, dass der Brief sehr viel Jesustradition wiedergibt, die zwar nicht der literarischen Form entspricht, wie wir sie aus den Evangelien kennen, dennoch aber eindeutig als solche identifiziert werden kann. So wird u. a. die Frage der Versuchung thematisiert (Jak 1,12 ff., vgl. Mt 4,1 ff.) sowie das Gebot der Nächstenliebe, auf das wir gleich nä-

---

16 Dunn, Jesus, S. 168.
17 Weitere Beispiele für diesen urchristlichen Traditionsast wären der Brief des Judas, der 2. Petrusbrief und allenfalls die Offenbarung aufgrund ihrer Affinität zur jüdisch-apokalyptischen Tradition.

her zu sprechen kommen (Jak 2,14 ff., vgl. Mk 12,28par), die Diskussion um Verunreinigung durch Worte und Gedanken geführt (Jak 3,1ff, vgl. Mk 7,1par) und die Warnung vor Reichtum ausgesprochen (Jak 5,1 ff., cf. Lk 6,24 ff.).[18] Jakobus zeigt damit seine profunde Kenntnis urchristlicher Tradition und Theologie und positioniert sich mit seinem Brief als zentraler Tradent der jesuanischen Überlieferung.[19]

Aber nicht nur dies, denn die genannten Themen repräsentieren allesamt zentrale Anliegen urchristlicher Theologie: Versuchung als Frage nach dem Ursprung des Bösen, Nächstenliebe als Zentralparadigma christlicher Ethik, Reinheit der Gedanken als Anliegen alltäglicher Spiritualität und Reichtum als Ursache der Ausgrenzung innerhalb der Gemeinde. Jakobus sammelt und überliefert die Jesustradition nicht nur, Kraft seiner Autorität legt er inhaltliche Schwerpunkte, die er unmissverständlich und geradezu autoritativ deutet. Er präsentiert sich demnach sowohl als verlässliche Quelle christlicher Tradition wie auch als deren Hermeneut. Das zentrale Anliegen des Briefes liegt darin, die Stimme des Herrenbruders als Überlieferer der Jesustradition und als Garant urchristlicher Theologie laut werden zu lassen. Dazu passt m. E. die Adressierung an einen möglichst breiten Gemeindekreis, der darüber hinaus mehrheitlich heidenchristlich sozialisiert ist. Gegen Ende der apostolischen Zeit sollen die Worte der letzten großen palästinischen Autorität überall in der Kirche und ganz bewusst auch in der nichtpalästinischen

---

18 Eine eindrückliche Liste aller Zitate, Anspielungen oder Anklänge an Jesustradition bei Dunn, Jesus, S. 168 f.

19 Sollte die These zutreffen, dass Jak vom Herrenbruder selbst verfasst wurde oder zumindest dessen Predigten und Lehren wiedergibt, so datiert die Sammlung der Jesustradition bis in die Zeit unmittelbar nach der Auferweckung zurück, da Jakobus nach seiner Bekehrung zweifelsohne kaum zögerte, die Worte und Taten des Bruders zu studieren, sammeln und in den Predigten zu interpretieren. Es wäre also durchaus möglich, dass er sich aus demselben Traditionsstrom bedient, aus dem die Evangelisten später ihre Werke erschaffen. Die Differenzen in den konkreten Formulierungen können dabei leicht mit Hinweis auf den zumeist mündlichen Charakter der noch nicht fixierten Überlieferung erklärt werden. Jakobus wäre damit nach Paulus die älteste erhaltene Quelle der Jesustradition, und er würde in quantitativer Hinsicht die wenigen Erwähnungen bei Paulus bei weitem übertreffen. Seit Jahrhunderten wird nach der Logienquelle Q als ältester Überlieferung gesucht, bisher vergeblich – bei Jakobus liegt sie vielleicht vor. Anders (und exemplarisch) Bormann, Theologie, S. 373, der die Jesusüberlieferung bei Jakobus lediglich als Rückgriff auf Quellen wie Mt oder Q versteht.

gehört werden – sei dies nun als letztes Aufbäumen vor dem Verschwinden dieses Traditionsstroms oder als ultimativ-verbindliche Lehrmeinung aus dem Zentrum des Christentums, Jerusalem.[20]

3. Jakobus und der Antipaulinismus

In Anbetracht der Autorität des Jakobus und des Ansinnens seines Briefes erscheint nun auch die Themenwahl des zweiten Kapitels (ab V. 14) nicht zufällig. Der aggressive Stil und die teils vorwurfsvollen rhetorischen Fragen sind herausfordernd – mehr noch: geradezu eine Kampfansage an die paulinische Rechtfertigungslehre. Schauen wir uns den Text genauer an:

> [14]*Was nützt es, meine Brüder und Schwestern, wenn einer sagt, er habe Glauben, aber keine Werke? Vermag der Glaube ihn etwa zu retten?* [15]*Wenn ein Bruder oder eine Schwester nackt ist und der täglichen Nahrung entbehrt* [16]*und jemand von euch sagt zu ihnen: Geht hin in Frieden, wärmt und sättigt euch!, ohne ihnen das Lebensnotwendige zu geben, was nützt das?* [17]*So ist es auch mit dem Glauben: Für sich allein, wenn er keine Werke hat, ist er tot.* [18]*[Zurecht] wird einer sagen: Du hast Glauben, ich aber Werke. Zeige mir deinen Glauben ohne die Werke, und ich werde dir an meinen Werken den Glauben zeigen!* [19]*Du glaubst, dass es einen einzigen Gott gibt? Recht hast du! Auch die Dämonen glauben das und erschauern!* [20]*Willst du nun einsehen, du törichter Mensch, dass der Glaube ohne die Werke wirkungslos ist?* [21]*Wurde Abraham, unser Vater, nicht aus Werken gerecht, als er seinen Sohn Isaak auf den Brandaltar legte?* [22]*Du siehst: Der Glaube wirkte mit seinen Werken zusammen, und aus den Werken wurde der Glaube vollkommen.* [23]*So hat die Schrift sich erfüllt, die sagt: Abraham glaubte Gott, und das wurde ihm als Gerechtigkeit angerechnet, und er wurde ›Freund Gottes‹ genannt.* [24]*Ihr seht also, dass der Mensch aus Werken gerecht wird, nicht aus Glauben allein.* [25]*Wurde nicht genau so die Prostituierte Rahab aus Werken gerecht, weil sie die Boten aufnahm und auf einem anderen Weg weiterschickte?* [26]*Denn wie der Leib ohne Geist tot ist, so ist auch der Glaube ohne Werke tot.* (Übersetzung der Züricher Bibel, revidierte Fassung).

---

[20] Trifft diese Analyse zu, erscheint die Vorstellung Dunns einer »best of-Ausgabe« der Lehre und Predigt von Jakobus noch plausibler: Nicht der Herrenbruder selbst, sondern seine Anhänger resp. Schüler bringen die Stimme des Meisters ein letztes Mal zum Klingen gegen den sich entwickelnden Mainstream.

Auch wenn Paulus nicht genannt wird, so ist er zweifelsohne das Ziel der Argumentation. Das Wortfeld, das Jakobus in 2,14-26 bespielt, ist unübersehbar geprägt von den theologischen Debatten des Paulus im Galater-, Römer- und Philipperbrief: Glaube (V. 14.17), Werk, Gerechtigkeit, Rechtfertigung, Abraham. Nur ein unerfahrener Hörer würde den impliziten Adressaten der Argumentation nicht erkennen. Mindestens ebenso interessant ist die Liste jener Wörter, auf die Jakobus verzichtet, obwohl sie im paulinischen Zusammenhang stets erscheinen: Liebe, Gnade und Geist.[21]

Dass ausgerechnet Paulus zum Fokuspunkt innerchristlicher Grundsatzdiskussionen wird, ist kein Einzelfall. Seine Lehre ist so radikal, dass sie fast überall zu Konflikten führt:[22] In jedem seiner Gemeindebriefe nimmt er Bezug auf internen Streit mit der Gemeinde (Gal, 1 Kor, 2 Kor) oder auf externen Streit, der sich im Zusammenhang mit der Gemeinde ergeben hat (1 Thess, Phil, Röm).[23] Es stellt sich nun die Frage, ob der Jakobusbrief direkt auf Paulus zielt oder, wie die Vermittlungsversuche behaupten, lediglich auf eine falsche Interpretation seiner Theologie, so

---

21   πνεῦμα (Geist) wird 2,26 zwar verwendet, aber in einer unspezifisch theologischen Bedeutung. Die Gegenüberstellung zu σῶμα (Leib) lässt vermuten, dass Geist hier lediglich anthropologisch als Lebenskraft zu verstehen ist und also nicht im Sinne des Heiligen Geistes.

22   Darüber hinaus dürften wohl auch Charakterzüge des Paulus dazu beitragen, dass Konflikte nicht nur auf der sachlichen, sondern oft auch auf der persönlichen Ebene ausgetragen werden, siehe seine Beleidigung in Gal 3,1, seinen Zornausbruch über jüdische Geschwister in 1 Thess 2,14f. und seinen abrupten Stimmungswechsel in Phil 3,2 wo er Gegner oder Andersdenkende als »Feinde des Kreuzes« diffamiert. Es scheint äußerst schwierig gewesen zu sein, im Fall eines Konflikts dem überragenden Intellekt und den überbordenden Emotionen des Paulus standzuhalten.

23   Die Thematik, die für uns von Interesse ist, wird in Röm 3,8 (und 6,1.15) expliziert: »Ist es etwa so, wie einige in verleumderischer Weise von uns behaupten, dass wir nämlich sagen: Lasst uns doch das Böse tun, damit das Gute komme?« Die Logik der Behauptung ist einfach: Weil Gott unbedingt gnädig sein und vergeben will, ist es sinnvoll zu sündigen, damit noch größere Sünde zu noch größerer Gnade führt, womit das Ziel Gottes erfüllt wird. Dieser Schluss ist zwar nicht ausschließlich falsch, aber er verhandelt die Gnadenlehre des Paulus fälschlicherweise nur auf der quantitativen Ebene. Dass Gottes Gnade eben nicht primär rechnet, sondern den Menschen erneuert, ihm eine neue Lebensqualität zuspielt, wird dabei völlig vergessen. Das aber ist die Hauptaussage paulinischer Theologie, weshalb Gesetzesobservanz sowie jegliche quantitative Ethik obsolet wird. Der Mensch braucht nicht mehr *vor* Gott (Bund) *für* Gott (Werke) tätig zu sein, sondern lebt *aus* Gott (Glaube) *für* die Menschen (Liebe).

dass Jakobus paradoxerweise zum Advokat paulinischer Rechtfertigungslehre würde. Ein schöner Gedanke, und er bewährt sich an der Beispielsgeschichte in 2,14–17: Dem armen Bruder wird statt des Lebensnotwendigen bloß der Segensgruß gegeben, so dass Glaube ohne Werke tot ist, was sich im Hungertod des Bruders drastisch konkretisiert. Solches Verhalten könnte durchaus eine Persiflage paulinischer Theologie darstellen, die den Glauben vor Gott als ausreichend und die entsprechende Lebenspraxis für die Menschen als überflüssig verzeichnet (vgl. dazu etwa Röm 3,6 f.; 6,1 ff.). Jakobus und Paulus sind sich einig, dass dieses Handeln falsch ist. Also doch *Jacobus advocatus Pauli*?

Die Seilschaft reißt jedoch bei nächster Gelegenheit, wenn Jakobus in V22 schreibt, dass die Werke den Glauben vervollkommnen (τελεῖν), um in V. 24 nachzudoppeln: »Ihr seht, dass der Mensch aus Werken gerecht wird, nicht aus Glauben allein.« Das ist eine eindeutige Spitze gegen Paulus, dessen Lehre gerade auf der Gerechtigkeit aus Glauben *ohne Werke* fußt (Gal 2,16). Es scheint, als ob Jakobus Paulus im ersten Beispiel lächerlich macht, um ihn dann frontal anzugreifen.[24] Das οὐκ ἐκ πίστεως μόνον (nicht aus Glauben allein) von Jakobus wird zum Schlagwort gegen das οὐκ ἐκ ἔργων νόμου (nicht aus Werken des Gesetzes) des Paulus. Ironischerweise taucht πίστις μόνον (Glaube allein) nur hier im Neuen Testament auf, so dass Jakobus im Grunde genommen zum Souffleur für Luthers *sola fide* wird.

Ein Zwischenfazit: Der Jakobusbrief repräsentiert judenchristliche Theologie, wie sie für das palästinische Judentum der Urgemeinde typisch ist. Er präsentiert sich als Tradent der Jesustradition und erhebt den Anspruch, auch ihr Hermeneut zu sein. In dieser Funktion stellt er sich gegen Paulus in der Frage der soteriologischen Genügsamkeit des Glaubens. Als Nächstes werden wir uns nun mit den theologischen Implikationen und den spirituellen Folgen der beiden Positionen beschäftigen.

---

[24] Vgl. Lindemann, Andreas: *Paulus im ältesten Christentum. Das Bild des Apostels und die Rezeption der paulinischen Theologie in der frühchristlichen Literatur bis Marcion*, J.C.B. Mohr 1979, S. 249: Ziel des Autors von Jak ist es, »die paulinische Theologie [zu] treffen und [zu] widerlegen, und zwar mit ihren eigenen Mitteln.«

4. Die Argumentation in 2,14 ff. und das unterschiedliche Existenzverständnis

Die Argumentation von Jakobus ist klassisch aufgebaut: Er eröffnet mit einem überzeugenden Praxisbeispiel V. 14–18, dem niemand widersprechen kann, denn wer dem armen Bruder nur den Segen wünscht, ohne ihn zu unterstützen, zeigt einen Glauben, der in den Tod führt. Dem Praxisbeispiel[25] folgt der Schriftbeweis V. 21–23 (mit Überhang in V. 25): Abraham hat sich durch die (im letzten Moment von Gott verhinderte) Opferung Isaaks Gerechtigkeit erworben (Gen 22). Die Gerechtsprechung Abrahams kommt jedoch in der erwähnten Erzählung Gen 22 gar nicht vor, sondern früher bei der Volksverheißung (Gen 15,6). Nicht aufgrund seiner Opferung, sondern wegen seines Vertrauens in die Zusage Gottes wird Abraham gerecht gesprochen. Auch Paulus zitiert in Röm 4 aus Gen 15, begründet damit aber die Rechtfertigung aus Glauben *ohne Werke*. Während Jakobus also zwei Geschichten miteinander verbindet, die ursprünglich getrennt sind, legt Paulus die Rechtfertigung Abrahams im literarisch ursprüng-lichen Sinn und Kontext aus. Zur Ehrenrettung des Jakobus muss allerdings erwähnt werden, dass dieses Vorgehen durchaus üblich war in der jüdisch-schriftgelehrten Auslegung seiner Zeit.[26] Abraham dient also nicht nur im jüdisch-christlichen Dialog des ersten Jahrhunderts als Stammvater des je eigenen Glaubens, sondern auch innerhalb der christlichen Diskussion. Es ist sicher kein Zufall, dass gerade der Herrenbruder als Verfechter der jüdischen Herkunft christlicher Theologie jene Erzählung wählt, in der der Stammvater handgreiflich am Werk ist (Gen 22), während Paulus auf jene *ohne* Werk setzt (Gen 15). Das Ende der Argumentation bilden die Schlussfolgerungen V. 22 (Glaube wird von Werken ergänzt und vervollständigt), V. 24 (der Mensch wird nicht aus Glauben allein gerecht, sondern auch aus Werken) und V. 26 (Glaube ohne Werke ist tot), womit die Anfangsthese V. 17 wiederholt und bestätigt wird.

---

[25] Der fiktive Dialog V. 18f ist schwierig zu verstehen und spielt für die Argumentation kaum eine Rolle, weshalb er hier übersprungen wird.

[26] Vgl. z. B. den Midrasch Bereschith Rabba 55 zu Gen 22 und Sanh. 89b aus dem Talmud, die beide Bezug nehmen auf die zwei Abrahamsgeschichten in Gen 15 und 22. Weitere Stellen und Ausführungen zur jüdisch-rabbinischen Auslegung etwa bei Dibelius, Martin: Der Brief des Jakobus, KEK XV, Vandenhoeck & Ruprecht 1964, S. 206 ff.

Jakobus argumentiert geschickt mit Praxis und Schrift, übernimmt von Paulus Vokabular und Quellen, und kommt – wenig erstaunlich – zu einem gegensätzlichen Schluss: Glaube allein rettet nicht, es bedarf zusätzlich der Werke.[27] Dabei versteht Jakobus unter den Werken, die er fordert, nie die *Werke des Gesetzes*, sondern immer die der Nächstenliebe.[28] Jakobus propagiert keinen allgemeinen Gesetzesgehorsam, auch wenn er diesen persönlich lebt. Vielmehr soll – das ist seine These – der Glaube durch Nächstenliebe vervollständigt werden. Interessanter-weise spricht auch Paulus vom »Glauben, der in der Liebe tätig wird« (Gal 5,6 πίστις δι' ἀγάπης ἐνεργουμένη). Meinen die beiden Opponenten etwa doch mehr oder weniger dasselbe?

Eher weniger als mehr! Denn in dreifacher Hinsicht differieren ihre Positionen: Erstens weist die starke Betonung der *Werke* und ihrer Funktion als »Vollendung des Glaubens« bei Jakobus auf eine *Anthropologie,* die dem Menschen das Tun des Guten vor Gott zutraut und es entsprechend von ihm verlangt. Der Mensch kann richtig handeln, soll es darum auch und muss es, weil er nur so sein Gottesverhältnis aufrechterhält. Diese Anthropologie unterscheidet sich von der des Paulus, traut dieser dem Menschen doch wenig zu außer der Gewissheit, vor Gott zu scheitern, wie Röm 3,23 zeigt: *Alle Menschen haben gesündigt und entbehren der Herrlichkeit vor Gott.*[29] Seine negative Anthropologie geht davon aus, dass der Mensch das Gute, das er vor Gott und für die Menschen tun soll, gar nicht vollbringen kann, und entsprechend wird es auch nicht eingefordert. Stattdessen verortet er das Heil exklusiv im Rettungsakt Christi, der ihm im Glauben zugesprochen wird. Die positive Anthropologie von Jakobus hingegen bezieht den Menschen als aktiv Tätigen ins Heilsgeschehen ein. Allerdings muss sie sich sofort die Frage gefallen lassen, welche Werke denn vom Menschen erwartet werden und vor allem: wie

---

[27] Diese Interpretation ist innerhalb des weisheitlichen Denkens stimmig, zumal dieses von einer positiven Anthropologie ausgeht, welche die Möglichkeit (und Notwendigkeit) menschlichen Handelns hoch einschätzt. Vgl. dazu Bormann, Theologie, S. 371 f. 375 f.

[28] Zwar kommen beide Begriffe in 2,14–26 nicht vor, wohl aber in 2,8, wo das Gebot der Nächstenliebe (Lev 19,18; Mk 12,31 par) als das »königliche Gesetz« (νόμος βασιλικός) bezeichnet wird.

[29] Vgl. dazu auch Röm 1,18–3,20, wo Paulus über 3 Kapitel die Sünde und damit auch die Schuld aller *en détail* nachzeichnet.

viele? Der vor Gott tätige Mensch ist eben immer auch der quantifizierbare Mensch.

Dieser quantitative Aspekt führt zum zweiten Unterschied: Der *Glaube* muss gemäß Jakobus »vollendet« werden, weil er offenbar nicht suffizient, sondern ergänzungsbedürftig ist. Glaube erscheint in Jakobus 2 als Akzeptanz von Wahrheit, die der praktischen Bewährung bedarf. Der vorhin großzügig übersprungene V. 19 unterstreicht dies: *19 Du glaubst, dass es einen einzigen Gott gibt? Da tust du recht – auch die Dämonen glauben das und schaudern!* Glaube ist hier weniger Beziehungsgeschehen (»glauben an Gott«) als vielmehr Fürwahrhalten eines bestimmten Inhalts (»glauben, dass es Gott gibt«). Solcher Glaube bedarf nun einer ethischen Glaubenspraxis, um sich vor Gott als authentisch und wirkungsvoll darzustellen und zu bewähren. Und diese Praxis wird, wie Jakobus deutlich macht, im Sinne der Werke eingefordert. Bei Paulus ist der Glaube die Folge der Offenbarung und der Gnade,[30] er ist die antwortende Haltung des Menschen, in der er sich Christus anvertraut und so vor Gott ins Recht gesetzt wird. Im Glauben wird der Mensch zur neuen Schöpfung (καινὴ κτίσις, 2 Kor 5,17), mit anderen Worten: zur *qualitativ* erneuerten Existenz. Wenn Jakobus diesen Glauben nun *quantifiziert*, indem er ihn wie in V. 22 für ergänzungsbedürftig erklärt, so wird dieser zur Heilsbedingung, die sich praktisch rechtfertigen muss durch die Werke. Vielleicht etwas überspitzt, aber in der Sache zutreffend lässt sich sagen: Der bei Paulus von und vor Gott gerechtfertigte Mensch ist bei Jakobus der Mensch, der sich zu rechtfertigen hat durch ein Tun, das seiner auf Bewährung gesetzten Gottesbeziehung entspricht. Glaube ist nur dann vollständig, gültig und lebensstiftend, wenn er sich tätig bestätigt. Der Mensch wird zu dem, was er zu leisten vermag – auch wenn es Leistungen der Liebe sind.

Der Blick auf die Liebe zeigt den dritten Unterschied: Die Liebe ist bei Paulus die freie Tat des Glaubens (Gal 5,1.6) und die Frucht des Geistes (Gal 5,22). Bei Jakobus ist sie der Testfall des sich gehorsam bewährenden Glaubens. An der Liebe zeigt sich, ob der Glaube vollständig ist und daher ausreichend. Freiheit auf der einen, Testfall auf der anderen Seite markieren die Unterschiede klar und deutlich. Konsequenterweise muss sich Jakobus erneut eine Frage gefallen lassen, ob nämlich die Werke, die wie im Beispiel des armen Bruders (2,14ff.) gefordert werden, tatsäch-

---

[30] Dass der Glaube bei Paulus auf die Offenbarung folgt und Ausdruck der gnädig gewährten Gerechtigkeit ist, zeigt eindrücklich Röm 3,21 f.: Offenbarung der Gerechtigkeit – Glaube als folgende Antwort. Dieselbe Denkstruktur findet sich in Röm 1,17.

lich dem armen Bruder gelten oder nicht vielmehr dem reichen Bruder, der durch seine Tat seinen Glauben vervollständigt, um von Gott gerecht gesprochen zu werden oder sich zumindest dieser Rechtfertigung zu versichern. Damit ist noch keiner Werkgerechtigkeit das Wort gesprochen, aber es wird deutlich, dass die Ethik, die bei Paulus ausschließlich die Horizontale betrifft, also die Ebene der Mitmenschen (Phil 2,4), hier zusätzlich in die Vertikale gehoben wird, indem sie das gute Werk der Liebe zwar als direkte Hilfe für den Nächsten versteht, ihr Ziel aber bei Gott sucht, der die Tat der Liebe als Bewährung des Glaubens verstehen und also auch belohnen soll.

Damit haben wir den *Kern des Problems* herausgeschält: Wenn der Glaube durch Werke, und seien es auch die Werke der Liebe, vervollständigt werden muss, dann wird die nach Paulus von der Sünde erlöste und befreite Existenz auf Bewährung gesetzt und muss sich letztlich aus eigener Anstrengung erlösen. Der in Christus von seiner Sorge befreite Mensch wird zum ängstlich um sein Seelenheil kämpfenden Menschen, der der bedingungslosen Gnade Gottes (Röm 5,10) nicht vertrauen kann, weil sie gar nicht bedingungslos erfolgt, sondern lediglich auf Bewährung. Wo Glaube sich nicht aktiv betätigt, ist er tot (Jak 2,26), und der lebensspendende Gott, der das Nichtsein ins Sein ruft (Röm 4,17), wird zum Richter, der bei quantitativer Defizienz das Todesurteil spricht. Glaube ohne Werke ist tot und führt in den Tod.

Es scheint, als ob der gesetzesobservante Jakobus dem Schritt des ehemals gesetzesobservanten Paulus in die Freiheit des Glaubens nicht folgen konnte. Während Paulus die glaubende Existenz *rezeptiv* bestimmt als Folge des Hörens auf das Reden Gottes (Röm 10,17; Gal 3,5), ist das Leben vor Gott bei Jakobus eine *aktiv* zu gestaltende und Lohn erwartende Existenz. So ist es denn auch nicht verwunderlich, dass die Vorstellung des lebensbestimmenden Geistes bei Jakobus fehlt und die Liebe als Begriff ebenfalls abwesend ist. Beide, der Geist und die Liebe, konstituieren für Paulus das Wesen des christlichen Lebens, beide aber verschwinden bei Jakobus zugunsten des aktiven Tuns, also des Werkes. Nach Jakobus bedarf es, um vor Gott zu bestehen, eines Tuns, das eingefordert werden kann und muss und darum zum Gesetz wird. Entsprechend ist die Liebe nicht eine sich selbst entfaltende und dem Nächsten zugutekommende Größe, sondern ein Werk, das getan wird, um die eigene Existenz vor Gott zu sichern. Liebe als Ausdruck meines Seins *aus* Gott *für* den Mitmenschen wird zum Instrument der Sicherstellung meines Seins *vor* Gott *durch* den Mitmenschen. Das sind, zweifellos, zwei sehr verschiedene

Konzepte und in keiner Weise mehr oder weniger dasselbe. Jakobus, der Hermeneut, bezieht Position, indem er die Theologie des Paulus aufnimmt – und sie auf den Kopf stellt.

5. SCHLUSSFOLGERUNGEN

I. Auch wenn es wahrscheinlich deutlich geworden ist, dass ich mein Verständnis christlicher Existenz lieber an Paulus orientiere als an Jakobus, möchte ich trotzdem betonen, dass ich seinen Entwurf für konsequent und in sich stimmig erachte. Wo Rettung sich zu bewähren hat, wird existentielle *Gewissheit* zu praktischer *Sicherheit*. Jakobus traut m. E. der Liebe nicht und macht sie darum zum Gesetz, das unter allen Umständen zu erfüllen ist. Unter diesen Umständen ist für die Armen gesorgt, auch wenn die Motivation angstgeleitet und das Ziel nicht der Arme, sondern letztlich der Täter selbst ist. Wie Matthäus, der das Tun des Guten zum alleinigen Kriterium des Gerichts macht (Mt 25), wird auch Jakobus zum Hohepriester des tätigen Glaubens. Paulus, der der Liebe viel mehr zutraut, spricht in ihrem Zusammenhang nie von Gesetz oder Gebot. Liebe ist für ihn die Gabe des Geistes, die lebensbestimmend die Existenz des Menschen ausmacht: »Alles, was euch betrifft, geschehe in Liebe« (1 Kor 16,14, vgl. auch 1 Kor 13,1ff). Dass es in seinen Gemeinden immer wieder zu ethischen Konflikten kommt, über die der Apostel sprachlos, aber nicht wortlos den Kopf schüttelt (vgl. z.B. 1 Kor 1,10ff.; 5,1ff.), ist eine direkte Folge dieses Liebesverständnisses: Wer darauf vertraut, dass sie sich von selbst entfaltet, muss mit herben Enttäuschungen rechnen. Er darf aber gewiss sein, dass die Liebe, die in der Freiheit der Kinder Gottes gelebt wird, wirklich Liebe ist und eben nicht Gesetz, weil sie, sich dem Nächsten verschenkend, nur ihm allein dient. Die Liebe ist nur dann Liebe, wenn sie frei ist und sich rücksichtslos veräußert – so wie sich die Liebe Gottes ins Kreuz Jesu verschenkt hat.

II. Die Angst des Jakobus, dass das Gute nicht getan wird, ist ein Problem der Kirche, seit es sie gibt. Genügt das Vertrauen in die Liebe – oder wollen wir nicht doch lieber mit Gebot und Gesetz ihr Gedeihen sicherstellen? Solche Gesetzlichkeit findet sich bereits zu Beginn in den binnenchristlichen Streitigkeiten innerhalb der heiden- und judenchristlichen Gemeinschaften, in der Reformation in Auseinandersetzung mit der katholischen Kirche, in den innerprotestantischen Erweckungsbewegungen in ihrem Gegensatz zu den Landeskirchen und schließlich auch im Methodismus. Dieser lässt – völlig zu Recht – der vorauslaufenden Gnade die persönliche Heiligung folgen; allerdings scheint es, als ob letztere nicht ganz selten ernster genommen wurde als erstere, wovon die Vorstellungen der »zweiten Gnade« und der »Vollkommenheit« zeugen. Auch hier scheint die Angst vor Sicherheits- und Kontrollverlust größer zu sein als das Vertrauen in die Kraft der Liebe. Gesetzliche Tendenzen in vielen Kirchen und Christenherzen drängen noch heute ans Werk, ohne zu merken, dass sie damit gar nicht der Liebe dienen. Ich habe den Eindruck, dass sich in diesem die Kirche seit jeher prägenden Antagonismus letztlich das Problem Gottes mit seinen Menschen zeigt: Will er Gerechtigkeit und Recht auf Erden, muss er über Gesetz und Sanktion (bis hin zur Verdamnis) dafür sorgen. Möchte er hingegen Freiheit, Vertrauen und Liebe als bewussten Entscheid, dann wird er zwangsläufig enttäuscht werden über das fahrlässige Ausbleiben dieser Liebe. Trotzdem wählt er gerade diesen Weg und geht ihn mit ganzer Konsequenz äußerst leidvoll bis ans Ende. Und zeigt damit, was echtes Leben und echte Liebe ausmacht.

III. Gottseidank ist der Jakobusbrief dem biblischen Kanon erhalten geblieben! Denn er macht wie kein anderer Brief unmissverständlich klar, dass das Tun des Guten und also die Liebe nie ein *accessoire*, sondern immer ein *essentiel* ist. So sehr er das Gesetz fordert und uns unter Druck setzt, so sehr tendieren wir im Fall der Liebe, eben nicht selbstvergessen zu lieben, sondern liebesvergessen zu leben. Die jakobinische Mahnung, die bis auf die soteriologischen Knochen geht, scheint zumindest *in pädagogischer Hinsicht* nicht unpassend. Und weil der Kanon der Bibel als Größe nun einmal gegeben ist (und auch nicht ohne äußerst gute Gründe verändert werden sollte), bleiben wir bis auf weiteres innerhalb dieser innerkanonischen, innerkirchlichen und innermenschlichen Spannung zwischen Liebe – oder lieber doch nicht. Darum zum Schluss ein Hinweis für den Studierenden, den ich eingangs erwähnt habe: Ja, mit Jakobus weißt du, was du zu tun hast. Möge der gute Geist Gottes dich zu diesem Tun befähigen, indem er dich von dir und deinen Ängsten und Ambitionen befreit, damit du nicht dir selbst, sondern deinem Nächsten dienst – und am Ende gilt: Wer sich rühme, rühme sich des Herrn (1 Kor 1,31). Dann ist Jakobus mit dem Vorzeichen des Paulus versehen, und dann wird alles gut.

Rezension

Martin Thoms: Der gottverlassene Gott. Eine literarische Untersuchung der Gottverlassenheit Jesu und deren Auswirkungen auf die Glaubens- und Verkündigungspraxis. Vorwort Prof. Jürgen Moltmann (Theologie des geistlichen Lebens, hg. von Dr. Wolfgang Vogl, Band 11), LIT Verlag Dr. W. Hopf, Berlin 2023, 89 Seiten, 19,90 €.

Martin Thoms, derzeit Masterstudent an der Theologischen Hochschule Reutlingen und demnächst Doktorand an der Kirchlichen Hochschule Wuppertal, legt mit seinem ersten Buch ein Werk vor, das »Theologie für die Praxis« im besten Sinne bietet. Auf reflektierte und zugleich allgemein verständliche Weise geht er einer zentralen Frage der Theologie nach: Wie kann angesichts der Sprachnot des christlichen Glaubens und der den Atheismus befeuernden Erfahrung des Leidens in der Welt überzeugend und glaubwürdig von Gott geredet werden? Er beantwortet diese Frage konsequent kreuzestheologisch, indem er den Schrei des gottverlassenen Jesus (»Mein Gott, mein Gott, warum hast du mich verlassen?«) als Gottverlassenheit Gottes selbst deutet.

Am Anfang steht eine präzise Untersuchung der biblischen Texte, die von der Finsternis als Ausdruck kosmischer Trauer, dem Verlassenheitsschrei Jesu, dem Zerreißen des Tempelvorhangs und dem Bekenntnis des Hauptmanns handeln. Im zentralen Teil der Arbeit vertieft Thoms seine grundlegende Einsicht in einer dreifachen Perspektive: Zunächst deutet er die Gottverlassenheit Jesu im Anschluss an Franz Rosenzweig und Jürgen Moltmann als Zuspitzung der jüdischen Vorstellung der Selbstunterscheidung Gottes von seiner Schechina (»Einwohnung«), die sich mit Israel ins Exil begibt. Christologisch gewendet: Wenn Gott in Christus selbst in die Hölle hinein stirbt, wenn Gott also sogar am Ort der äußersten Gottesferne ist, dann ist er in verborgener Weise schon alles in allem und die Hölle kein gottloser Ort mehr. Sodann denkt Thoms die Gottverlassenheit Jesu mit Jürgen Moltmann als Ausdruck der tiefsten Solidarität Gottes mit seiner Welt – bis hinein in die Hölle von Auschwitz. Umgekehrt wird die menschliche Leidensgeschichte auf diese Weise in die Geschichte des dreieinigen Gottes hinein aufgehoben. Weil Gott zum Gott in allem wird, geschieht alles in Gott. Schließlich folgt Thoms den Spuren der Kreuzesspiritualität der italienischen Mystikerin Chiara Lubich (1920-2008), die im Kreuz Jesu die Verdichtung des göttlichen Heils und die Offenbarung des ewigen Wesens Gottes entdeckt. Diese überwindet das Unheil und befähigt den Menschen in der Begegnung mit der »Leid-Liebe« zu einem neuen Blick auf Gott, sich selbst und die Welt.

Die letzten Kapitel beleuchten die praktischen Auswirkungen dieser Sicht des Kreuzes für das Gottesbild, die Spiritualität und die Verkündigung. Wenn Gott die Gottverlassenheit in Christus selbst erleidet, dann erübrigt und verbietet sich ein sadistisches Gottesbild, demzufolge Gott seinen Sohn leiden lässt, um gnädig sein zu können. Vielmehr erweist sich Gott als unbedingte, universale Liebe, die bis in den Tod hinein reicht. Darum rehabilitiert eine vom Kreuz inspirierte Spiritualität die Klage, in der leidende Menschen einstimmen in den Schrei des gottverlassenen Gottes, in dem Gottes eigenes Pathos hörbar und fühlbar wird. Zugleich lehrt diese Spiritualität eine Mystik der Gegenwart Gottes in allen Dingen. Denn wenn Gott selbst im Tod gegenwärtig ist – wo sollte er dann nicht sein? Schließlich hat die Vorstellung des gottverlassenen Gottes auch Konsequenzen für die Verkündigung: Als Ausdruck der allumfassenden Liebe Gottes in Wort und Tat wird sie den Menschen nicht zuerst in seiner Schuld, sondern in seinem Leiden wahrnehmen. Und sie wird ihm nicht die stellvertretende Bestrafung eines anderen als Grund des Heils vor Augen malen, sondern ihn zur heilsamen Begegnung mit Gott am Ort des Leidens einladen. In letzter Konsequenz führt diese Theologie des Kreuzes in den Lobpreis des Gottes, »der alle in den Ungehorsam eingeschlossen (hat), damit er sich aller erbarme« (Röm 11,32). Mit anderen Worten: Sie befördert die Überzeugung, dass Gott im Kreuz Christi alles und alle mit sich versöhnt hat.

Martin Thoms hat ein anregendes, klar und stringent argumentierendes Buch geschrieben, das hohe Relevanz für eine der Praxis des Glaubens verpflichtete Theologie hat. Jürgen Moltmann bemerkt in seinem Vorwort: »Diese Arbeit zeichnet sich durch die klare Gliederung aus. Jeder Satz ist durchdacht. Obwohl diese Arbeit meine Kreuzestheologie aus ›Der gekreuzigte Gott‹ (1972) zum Kernstück ihrer Analyse macht, habe ich aus ihr gelernt.« Dem ist nichts hinzuzufügen.

Jörg Barthel

Autorenverzeichnis

Prof. Dr. Jörg Barthel
Professor für Altes Testament an der Theologischen Hochschule Reutlingen

Prof. Dr. Maximilian Bühler
Professor für Praktische Theologie an der Theologischen Hochschule Reutlingen

Jana Göhler
Masterstudentin an der Theologischen Hochschule Reutlingen

Prof. Dr. Christoph Schluep
Professor für Neues Testament an der Theologischen Hochschule Reutlingen

Felix Süß
Masterstudent an der Theologischen Hochschule Reutlingen

Martin Thoms
Masterstudent an der Theologischen Hochschule Reutlingen

Prof. Dr. Stephan von Twardowski
Professor für Systematische Theologie und Methodismus an der Theologischen Hochschule Reutlingen

Prof. Christof Voigt
Professor für Philosophie und Alte Sprachen an der Theologischen Hochschule Reutlingen

Im Auftrag der Theologischen Hochschule Reutlingen hrsg. von Jörg Barthel, Maximilian Bühler, Roland Gebauer und Christof Voigt

Theologie für die Praxis | 48. Jg. (2022)

Gottesdienst verändert – Transforming Worship

156 Seiten | Paperback | 14,5 x 21,5 cm
ISBN 978-3-374-07502-7
EUR 22,00 [D]

Das Jahrbuch »Theologie für die Praxis« sucht den Brückenschlag zwischen akademischer Theologie und kirchlich-diakonischer Praxis. Die Themen werden so aufbereitet, dass ihre Relevanz für aktuelle kirchliche und gesellschaftliche Diskurse erkennbar wird. Neben Aufsätzen und Vorträgen enthält das Jahrbuch auch Bibelarbeiten, Predigten und Rezensionen.

Den Schwerpunkt des Jahresheftes 2022 bilden Vorträge zu aktuellen Fragen des Gottesdienstes, die beim internationalen Worship-Forum der Evangelisch-methodistischen Kirche im Oktober 2022 gehalten wurden. Daneben werden eine Abschiedsvorlesung zum methodistischen Verständnis von Kirche als Konnexio und eine Antrittsvorlesung zum Verhältnis von Sozialer Arbeit und Diakonie dokumentiert. Ein offener Brief zum Profil des Pastorenbildes und einige Rezensionen zu Neuerscheinungen im Bereich des Neuen Testaments komplettieren das Heft.

EVANGELISCHE VERLAGSANSTALT
Leipzig www.eva-leipzig.de

Tel +49 (0) 341/ 7 11 41 -44   shop@eva-leipzig.de